MERIAN *live!*

SÜDAFRIKA

Thomas Knemeyer lebt seit über 25 Jahren am Kap und genießt es bis heute, mit seiner Familie das südliche Afrika zu bereisen. Der Band wurde von **Waltraud Ries** überarbeitet.

W0173778

 Familientipps

 Barrierefreie Unterkünfte

Umweltbewusst Reisen

 FotoTipp

 Ziele in der Umgebung

 Faltkarte

Preise für ein Doppelzimmer mit Frühstück:

€€€€ ab 3000 Rand
€€€ ab 2000 Rand
€€ ab 800 Rand
€ bis 800 Rand

Preise für ein dreigängiges Menü ohne Getränke:

€€€€ ab 500 Rand
€€€ ab 250 Rand
€€ ab 150 Rand
€ bis 150 Rand

INHALT

◄ In der False Bay (▶ S. 55) können die kunterbunten Kabinen am Strand nur ganzjährig gemietet werden.

Unterwegs in Südafrika 40

Gauteng und Umgebung

Nordkap und Umgebung

KwaZulu-Natal und Umgebung

Kapstadt und Umgebung

Garden Route und Kleine Karoo

Touren und Ausflüge 96

Wissenswertes über Südafrika 108

Karten und Pläne

Willkommen in Südafrika

Unendliche Steppen, wilde Tiere ganz nah, abgelegene Lodges: eine fesselnde Umgebung, in der sich außergewöhnliche Natur und verschiedene Kulturen treffen.

Es gibt Momente in Südafrika, da wähnt man sich im Paradies, Momente, an die man sich noch Jahre später erinnert – z.B. in Singita, am Westrand des Kruger National Park. Auf der ersten Pirschfahrt im offenen Geländewagen, querfeldein durch den trockenen Busch, entdecken wir Löwinnen mit spielenden Jungen, einen Leoparden oben auf einem Ast und zwei Geparden, die gerade eine Antilope gerissen haben. Wir warten respektvoll ab, bis Elefanten die Straße räumen, und fahren beim Sonnenuntergang noch mitten in eine Herde von etwa 400 Büffeln, die nur wenige Meter vom Wagen entfernt friedlich grasen. In der Nähe weiden Gnus und Zebras. Giraffen knabbern an Blättern, Warzenschweine buddeln nach Nahrung. Wenig später sehen wir einen Nashornbullen.

Zauberhafte Atmosphäre

Als die Sonne im Lowveld versinkt, verbreitet sich eine zauberhafte Atmosphäre perfekter Harmonie. Es scheint, als fühle sich kein Tier durch die Nähe der Menschen bedroht oder auch nur gestört. Sogar die blutigen Lefzen der Geparden passen in das Bild des natürlichen Einklangs. Am nächsten Morgen sehen wir sie wieder: Mit vollgefressenen, dicken Bäuchen liegen sie schlafend unter

◄ Auf den Straßen der Nationalparks bekommt der Begriff »Zebrastreifen« eine viel wörtlichere Bedeutung.

einem Baum. An ihrer Beutestelle liegen nur noch zwei Knochen. Alles andere haben während der Nacht die Schakale und Geier geholt. In dem legendären Wildgebiet des Sabi Sands, 65 000 ha groß, kann das Wild frei umherziehen, denn die Grenzen zum Kruger Park, mit über 200 000 Säugetieren das größte Tierparadies auf Erden, sind offen. Nirgendwo kann man die »Big Five« – Löwen, Leoparden, Elefanten, Nashörner und Büffel – leichter erspähen als hier und obendrein in luxuriösen Unterkünften leben.

Viel Platz für die Natur

Südafrika hat noch mehr zu bieten: die fast menschenleere Halbwüste Karoo, wo man Stress und Hektik im Nu vergisst, lange Sandstrände, liebliche Weinregionen, das Bergmassiv Drakensberg (3450 m). Insgesamt 30 Nationalparks, von kleinen wie Agulhas oder West Coast bis zu den riesigen Gebieten des Kruger und der Kgalagadi, plus 500 kleinere Naturreservate machen inzwischen 6 % der Landesfläche aus. 70 000 qkm, auf denen Flora und Fauna geschützt sind: Mit Stolz darf Südafrika für sich in Anspruch nehmen, eine der letzten großen Zufluchten für Wildnis auf der Welt zu sein.

Obwohl der Tourismus bereits vor 40 Jahren einsetzte und heute etwa 2,2 Mio. Besucher aus Europa, Nordamerika und Asien alljährlich anreisen, haben Millionen Menschen in aller Welt das Land erst jetzt näher kennengelernt – nämlich an den Fernsehbildschirmen. Im Juni und Juli 2010 wurde die erste Fußball-WM, die jemals auf afrikanischem Boden stattfand, in neun Städten des Landes ausgetragen.

Kaum jemandem wird entgangen sein, dass es nirgends auf der Welt ein so großes soziales Gefälle gibt wie unter den 50 Mio. Südafrikanern. Das Volk besteht zu 80 % aus Zulus, Xhosas, Sothos und Tswanas, zu jeweils 9 % aus Weißen und Mischlingen und zu 3 % aus Indern.

Es ist eine oftmals verblüffende Mischung aus Modernität und Rückständigkeit, aus warmer Gastfreundschaft und brutaler Kriminalität. Neben dem Herzchirurgen praktiziert der Medizinmann, neben dem traditionellen Kraal für die Kühe hängt eine Satellitenschüssel. Luxusvillen mit Meeresblick stehen im krassen Gegensatz zu Hunderttausenden von elenden Blechhütten, funkelnde Nobelkarossen neben rostenden Sammeltaxis.

Angenehmes Reisen

Ein Dutzend Städte mit Einkaufszentren, Hotels und Restaurants und ein gutes Straßennetz machen das Reisen leicht. Aber aufgepasst: Es herrscht Linksverkehr, und viele Einheimische fahren ohne Führerschein in verkehrsuntauglichen Autos. Auf Südafrikas Straßen kommen Jahr für Jahr 15 000 Menschen ums Leben.

Besser also, man sucht so oft wie möglich die Natur dieses riesigen Landes auf. Wer sich den Wind am Kap der Guten Hoffnung um die Nase hat wehen lassen und wer in Sodwana Bay die Füße in den Sand steckte, wer nachts die Stille der Kalahari und das Brüllen der Löwen im Kruger Park erlebt hat – der hat das wahre Südafrika kennengelernt.

2

MERIAN TopTen

MERIAN zeigt Ihnen die Höhepunkte des Landes: Das sollten Sie sich bei Ihrem Besuch in Südafrika nicht entgehen lassen.

Eine Reise durch Südafrika ist nur dann eine runde Sache, wenn man die Nationalparks mit den »Big Five«, Nashörnern und Flusspferden gesehen und Erdmännchen beobachtet hat. Auch Kapstadt mit dem Tafelberg und das Kap der Guten Hoffnung, die Weingegend und die Garden Route sollte man gesehen haben. Und auch Johannesburg, jahrelang das hässli-che Entlein, hat sich gemausert und erwartet Besucher.

MERIAN TopTen 360°

Damit Sie sich vor Ort schneller orientieren können, finden Sie zu ausgewählten MERIAN TopTen auf den folgenden Seiten Umgebungskarten mit Restaurant-, Einkaufsempfehlungen und Tipps für weitere Sehenswürdigkeiten.

1 Tafelberg, Kapstadt
Die grandiose Aussicht vom Wahrzeichen Kapstadts ist das Höchste (▶ S. 45).

2 V & A Waterfront, Kapstadt
Das Hafenviertel ist die beliebteste Amüsiermeile Südafrikas (▶ S. 45).

3 Kap der Guten Hoffnung
Bei klarem Wetter genießt man den Ausblick auf zwei Ozeane (▶ S. 53).

4 Winelands
Die Weinroute lädt ein zum Probieren und Kaufen, zum Genießen und Übernachten (▶ S. 55, 98).

5 Garden Route
Auf dieser Tour passiert man Strände, Buchten und den Addo National Park (▶ S. 59).

6 Johannesburg
»Jozi«, »Jo'burg«, Stadt des Goldes, Kultur- und Modemetropole (▶ S. 69).

7 Hluhluwe-Imfolozi Game Reserve
Hier begegnet man den »Big Five« und mehr Nashörnern als irgendwo sonst (▶ S. 85).

8 iSimangaliso Wetland Park
Ein Feuchtgebiet mit einmaligem Artenreichtum (▶ S. 86).

9 Drakensberge
Spektakuläre Kulissen und Bergpässe sowie Hunderte von Felszeichnungen (▶ S. 87, 102).

10 Kruger National Park (Greater Limpopo Transfrontier Park)
Kein Wildpark in Afrika bietet mehr Vielfalt: Elefanten, Nashörner, Löwen, Leoparden, Giraffen (▶ S. 101).

360° V & A Waterfront, Kapstadt

MERIAN TopTen

V & A Waterfront, Kapstadt
Das Hafengebiet wartet mit Einkaufs- und Unterhaltungsmöglichkeiten, Restaurants und Cafés auf. Es ist die beliebteste Amüsiermeile Südafrikas (▸ S. 45).

SEHENSWERTES

Cape Town Diamond Museum
Im Diamantenmuseum dreht sich alles um die funkelnden Steine und ihren Schliff (▸ S. 46).
Clock Tower

Two Oceans Aquarium 👫
Hier können über 3000 Fischarten der beiden Ozeane sowie Pinguine und Robben bewundert werden (▸ S. 39).
Dock Rd.

ESSEN UND TRINKEN

Belthazar
Das Restaurant mit Spezialitäten von Wild und Rind gehört zu den besten Steakhäusern der Stadt (▸ S. 49).
Victoria Wharf, Shop 153

4 Beluga
Schick, stylish und sehr gut. Auf der Karte stehen erlesene Menüs und Sushi (▸ S. 49).
Prestwich/Ebenezer St.

EINKAUFEN

5 Watershed
Im erst 2014 eröffneten Watershed werden an mehr als 150 Ständen Kunsthandwerk, Kleidung und Accessoires von lokalen Anbietern offeriert (▸ S. 51).
Dock Rd.

AM ABEND

6 Bascule
Lassen Sie den Tag im Cape Grace Hotel am Jachthafen mit einem Drink ausklingen (▸ S. 51).
West Quay Rd.

AKTIVITÄTEN

7 Robben Island
Mehrmals täglich steuern Fähren die ehemalige Gefängnisinsel an, auf der Nelson Mandela inhaftiert war (▸ S. 44).
Nelson Mandela Getaway

360° Winelands

MERIAN TopTen

⭐ **Winelands**
In den Weinorten findet sich eine einmalige Auswahl an erstklassigen Restaurants und Spitzenweingütern (▶ S. 55, 98).

SEHENSWERTES

❶ **Huguenot Memorial Museum**
Der Wein in Franschhoek ist unter anderem den Hugenotten zu verdanken. Ihre Geschichte erfährt man hier (▶ S. 55).
Franschhoek, Lamprecht St.

ESSEN UND TRINKEN

❷ **Bosman's**
Das Restaurant des Grande Roche Hotels beeindruckt mit bestem Service und einer sehr umfangreichen Weinkarte (▶ S. 56).
Paarl, Plantasie St.

❸ **Haute Cabrière**
Restaurant und Terrasse mit Blick über das Tal. Speisen aus regionalen, saisonalen Produkten mit passenden Weinen (▶ S. 55).
Franschhoek, Lambrechts Rd.

4 **Le Quartier Français**
Ob im legeren Bistro mit frischem Fisch und Lamm-Burgern oder im eleganten Tasting Room mit mehrgängigen Menüs, hier ist alles vom Feinsten (▸ S. 56).
Franschhoek, 16 Huguenot St.

EINKAUFEN

5 **Village Market**
Ein schöner Spezialitätenmarkt mit lokalen Köstlichkeiten und Kunsthandwerk (▸ S. 55).
Franschhoek, 29 Huguenot St.

AKTIVITÄTEN

6 **Weingut Spier Estate, Stellenbosch**
Auf dem Anwesen bietet sich eine Weinprobe oder eine Tour durch die Weinberge an (▸ S. 100).
Stellenbosch, Annandale Rd.

7 **Weingut Vergelegen**
Tipp: Picknickkorb (auch vegetarisch) vorbestellen und auf dem Gelände des Weinguts gepflegt schlemmen (▸ S. 100).
Somerset West

360° Johannesburg

MERIAN TopTen

⭐ **6** **Johannesburg**
»Jo'burg«, Stadt des Goldes, Kultur- und Modemetrople, ist aus dem Dornröschenschlaf erwacht und präsentiert sich modern und stilsicher (▸ S. 69).

SEHENSWERTES

1 **Carlton Centre »Top of Africa«**
Aus 200 m Höhe überblickt man von der Aussichtsplattform die ganze Stadt (▸ S. 69).
Ecke Main / Kruis St.

2 **Johannesburg Art Gallery**
15 Ausstellungsräume sowie ein Skulpturengarten beherbergen vor allem südafrikanische Kunst und alte Niederländer aus dem 17. Jh. (▸ S. 70).
Joubert Park, Klein St.

3 **Museum Africa**
Besonders interessant ist die Ausstellung zur Stadtgeschichte von den Anfangszeiten bis zur Wahl im Jahr 1994 (▸ S. 70).
121 Lilian Ngoyi St.

ESSEN UND TRINKEN

④ Pronto
Mediterrane Küche mit Pasta und Pizza in einem kleinen, authentischen Restaurant (▸ S. 72).
Shop 18, The Colony Shopping Centre, 345 Jan Smuts Ave.

EINKAUFEN

⑤ Flohmarkt
Gegenüber dem Market Theatre findet samstags Südafrikas größter Flohmarkt statt (▸ S. 73).
Zw. Jeppe und Lilian Ngoyi Sts.

AM ABEND

⑥ Bassline
Bar mit Livemusik auf zwei Bühnen. Im Bassline treten die besten Musiker des African Jazz auf (▸ S. 73).
10 Henry Nxumlo St.

⑦ The Orbit
Noch relativ neu, aber schon sehr beliebt und erfolgreich ist der Jazzclub in Braamfontein. Mit Bistro (▸ S. 73).
81 De Korte St.

5

MERIAN Tipps

Mit MERIAN mehr erleben. Nehmen Sie teil am Leben des Landes, und entdecken Sie Südafrika, wie es nur Einheimische kennen.

1 **Grootbos Private Nature Reserve** 📖 C 8

Die exzellente Umsetzung des hochgesteckten Ziels, Luxus und Natur miteinander in Einklang zu bringen, hat der Fünf-Sterne-Lodge Grootbos zahlreiche Preise der internationalen Tourismusbranche eingebracht. Die einzigartige Flora und Fauna des 17 qkm großen Naturreservats können die Besucher bei entspannten Wanderungen, auf dem Rücken der Pferde oder bequem mit dem Jeep erkunden. Ausgebildete Guides wissen viel Interessantes über die Pflanzen- und Tierwelt zu berichten. Die Gäste leben in großen, stilvollen Suiten und werden mit hervorragender Kochkunst verwöhnt.

An der R43 (13 km nach Stanford in südl. Richtung) • Tel. 0 28/ 3 84

80 00 • www.grootbos.com • 3 Lodges • €€€€
150 km südöstl. von Kapstadt

Biltong

Biltong hat eine ungebrochene Tradition, die vermutlich auf die Burenpioniere zurückgeht. Es handelt sich um unansehnliches, aber schmackhaftes Trockenfleisch, das man langsam kaut. Es kommt meist vom Rind, kann aber auch vom Wild (z. B. Kudu-Antilope) oder sogar vom Strauß kommen. Man kauft es in der gewünschten Menge in Spezialgeschäften, an Straßenständen oder im Supermarkt. Es eignet sich sehr gut als kleiner Snack zwischendurch. Gewiss ist das würzige, salzige Fleisch nicht jedermanns Sache. Aber am Kap heißt es, dass auch ehrliche Buren für ein gutes Kudu-Biltong ihren besten Freund bestehlen würden …

Pan African Market ▸ Klappe hinten, e 4

Die meisten Händler kommen hier nicht aus Südafrika, sondern aus dem frankophonen Westafrika – viele von ihnen aus Mali. Dementsprechend authentisch sind die ausgestellten Kunstgegenstände: Das Haus platzt förmlich aus den Nähten. Man findet keinen Quadratmeter, auf dem nicht Skulpturen, Töpfe und Textilien stehen oder hängen. Wer hier nicht das passende Souvenir findet, der findet es nirgendwo. Der Pan African Market ist eine kontinentale Bereicherung für Kapstadt, die unter der Apartheid nicht einmal vorstellbar gewesen wäre.
Kapstadt, 76 Long St. • tgl. geöffnet

Noon Gun, Signal Hill
▸ Klappe hinten, d 3/4

Die Noon Gun, die auf dem Signal Hill steht und täglich um 12 Uhr mittags abgefeuert wird, ist ein Relikt aus uralten Zeiten. Seit 1806 wird sie täglich abgefeuert, ursprünglich damit sich die Einwohner und Schiffsbesatzungen

zeitlich orientieren konnten. Seit 1902 steht sie auf dem Signal Hill, zuvor war sie im Castle of Good Hope und dann in der Nähe der heutigen V & A Waterfront untergebracht. Man sagt, ihr Kanonendonner sei zu laut gewesen, sodass sie umziehen musste.
Kapstadt

La Colombe
▸ Klappe hinten, südl. c 6

Einzig und allein dieses Restaurant am Kap gewinnt Jahr um Jahr Preise. La Colombe hat das, was man in der südafrikanischen Gastronomie nur sehr selten findet: konstant hohe Qualität, auch wenn der Koch mal wechselt. 20 km südlich der Stadt im Silvermist Wine Estate gelegen, speist man hier französische Küche aus der Provence. Sowohl die Fleisch- als auch die frischen Fischgerichte sind durchweg ausgezeichnet. Auf der Weinkarte findet man alles, was man in Südafrika an guten Tropfen bekommen kann. Unbedingt reservieren.

Constantia Nek, Main Rd. • Tel. 0 21/ 7 95 01 25 • www.lacolombe.co.za • tgl. 12.30–14, Mo–Sa 19–20.45 Uhr • €€€

20 km südl. von Kapstadt

 Sanbona Wildlife Reserve   📖 D 8

Dieses 54 000 ha große Areal bei Montagu ist eines der Top-Ausflugsziele für Kapstadt-Urlauber. Nachdem 2003 zwei Rudel Löwen ausgesetzt wurden, sind nun zum ersten Mal wieder die »Big Five« in der Kleinen Karoo zu sehen. Außerdem: Flusspferde, Zebras, Kudus, Oryxantilopen, Elands, Gnus, Raubvögel, Hyänen und – einzigartig auf der Welt – weiße Löwen in freier Wildbahn. Insgesamt stehen 27 Zimmer in den drei Unterkünften Tilney Manor House, Gondwana Family Lodge und Dwyka Tented Lodge zur Verfügung, zweimal täglich finden Pirschfahrten für die Gäste statt.

Anfahrt über die N1, R60 (Worcester) und R318 (Montagu) • Tel. 0 28/5 72 13 65 • www.sanbona.com • 27 Suiten • €€€€

140 km nordöstl. von Kapstadt

Market Theatre   ▶ S. 71, a 4

Dieser Theaterkomplex in Südafrikas kulturellen Metropole Johannesburg hat fünf Bühnen, auf denen häufig das neueste und dynamischste Theater des Landes geboten wird. Hier wurde das weltbekannte Musical »Sarafina« uraufgeführt.

Johannesburg, Ecke Lilian Ngoyi St./
Miriam Makeba St. • Tel. 0 11/8 32
16 41 • www.markettheatre.co.za

⭐ 8 Tala Private Game Reserve   📖 J 5

Dieses private Naturreservat zwischen Durban und Pietermaritzburg hat neben den hier lebenden Wildtieren (Nashörner, Flusspferde, Giraffen, Zebras und Antilopen) auch ein exzellentes Restaurant und herrliche Aussichten über die Savanne zu bieten. Man schläft in afrikanisch eingerichteten Zimmern. Im Preis sind alle Mahlzeiten und auch Wildfahrten inbegriffen. Die schöne Anlage befindet sich in einem malariafreien Gebiet, umgeben von hügeligem Farmland. Neben den oben genannten Großtieren gibt es mehr als 380 verschiedene Vogelarten und seltene Pflanzen zu entdecken. Gäste können zwischen fünf verschiedenen Lodges wählen, die mehr oder weniger luxuriös, aber immer äußerst komfortabel eingerichtet sind.
Cascades • Anfahrt: N3, Ausfahrt R603 nach Eston • Tel. 0 31/7 81 80 00 • www. tala.co.za • 39 Suiten und Cottages • €€€

⭐ 9 Midlands Meander   📖 H 5

»Das langsame Reisen durch die Mitte des Landes«, wie man Midlands Meander übersetzen könnte, ist so populär geworden, dass alljährlich eine immer wieder aktualisierte Broschüre für diesen hübschen Landstrich herausgegeben wird. Es handelt sich um das herrliche Land westlich der N3, besonders schön ist die Gegend entlang der R103, wo man Geschäfte

mit Kunsthandwerk und Landgasthöfe sowie Übernachtungsmöglichkeiten auf Farmen findet.
www.midlandsmeander.co.za

⭐ 10 Pinotage

Pinotage gilt als die Nationaltraube Südafrikas. Der tief dunkelrote Wein entstand 1925, als der südafrikanische Professor Abraham Perold die Rebsorten Pinot Noir und Cinsault (Hermitage) an der Universität von Stellenbosch kreuzte. Der Wein wurde erst Anfang der 1990er-Jahre anerkannt und erfreut sich weltweit immer größerer Beliebtheit. Pinotage ist betont fruchtig mit Aromen von Banane, Blaubeere oder Pflaume und erreicht relativ früh seine Trinkreife. Beyers Truter zählt zu den besten Pinotage-Experten Südafrikas. Seinen preisgekrönten Wein kann man auf dem Kanonkop Estate in Stellenbosch, einer der besten Rotweingegenden des Landes, probieren.
Elsenburg, R44 Richtung Paarl • Tel. 0 21/8 84 46 56 • www.kanonkop.co. za • Mo–Fr 9–17, Sa 9–14 Uhr   📖 C 8

Vor der Kulisse des weltbekannten Tafelbergs (▶ MERIAN TopTen, S. 45) bietet Kapstadts beliebte V & A Waterfront (▶ MERIAN TopTen, S. 45) Unterhaltung für jeden Geschmack.

Zu Gast in **Südafrika**

Wer von wilder Natur umgebene Lodges und unendliche Strände genießen möchte und zudem gutes Essen zu günstigen Preisen zu schätzen weiß, wird sich in Südafrika ausgesprochen wohlfühlen.

Übernachten

Nobel-Lodge oder Bed & Breakfast mit Familienanschluss – oder doch lieber rustikal im Camp, inmitten eines Nationalparks? In Südafrika findet jeder eine passende Unterkunft.

◄ Die Dwyka Tented Lodge im Sanbona Wildlife Reserve (► MERIAN Tipp, S. 16) überzeugt durch stilvollen Komfort.

Selten wird man in Südafrika eine wirklich schlechte Unterkunft finden; meistens sind die Hotels und Gästehäuser von gutem bis exzellentem Standard. Aber mit dem Erstarken der Landeswährung Rand sind viele Häuser unangenehm teuer geworden. In der Wintersaison (Juni bis August) sollte man besonders auf »Specials« achten, die für Einheimische gedacht sind. Im Hochsommer (Dezember bis März) unbedingt vorausbuchen!

Die großen Hotelgruppen nennen sich Sun International (21 Häuser, fast alle mit Kasino), Protea Hotels (115 Hotels, meistens Drei-Sterne-Häuser), Holiday Inn (32, davon 23 preiswerte Garden Courts) und City Lodge (37, inklusive Townlodges und Road Lodges). Ein Dutzend Luxushäuser trägt das begehrte Siegel von Relais & Châteaux.

Darüber hinaus gibt es Hunderte **Bed & Breakfasts** und **Guesthouses** in allen Preislagen, seit einigen Jahren auch in den schwarzen Townships wie Soweto und Khayelitsha (www.uthandosa.org). Die besten Privatadressen sind in drei verschiedenen »Portfolio«-Katalogen dargestellt, die man kostenlos unter Tel. 0 11/8 80 34 14 oder www.portfoliocollection.com erhält.

Obwohl die Top-Hotels ihre Preise in den letzten Jahren rasant angezogen haben – was zur Folge hat, dass man dort Einheimische nur noch selten antrifft –, findet der Euro-Urlauber im mittleren und unteren Spektrum noch reichlich preiswerte und ordentliche Unterkünfte. Eine gute Website ist: www.places.co.za. Während der großen Ferien über Weihnachten und zu Ostern sollte man daher unbedingt vorbuchen, weil die Südafrikaner diese Herbergen dann stark frequentieren: Das gilt ganz besonders im Hochsommer (Mitte Dezember bis Mitte Januar), wenn das Land teilweise zum Stillstand kommt, weil Hunderttausende an die Küsten strömen. Im südlichen Wintermonat Juli, wenn die Schulen für knapp drei Wochen schließen, wird es zwar längst nicht so voll (betuchte Südafrikaner fliegen dann häufig in den Urlaub nach Norden), aber dennoch ist es ratsam, vorzubuchen. Tipp: Mitte Juni bis Ende September ist die beste Jahreszeit, um auf Safari zu gehen. Im Kruger National Park (► S. 101) und in den Reservaten in KwaZulu-Natal (► S. 80) wird es dann nachts zwar kalt (Juli) bzw. kühl (September), aber tagsüber ist es trocken und warm. Die Büsche tragen wenig Blätter – also kann man die Tiere leichter erspähen. Und die Moskitos halten ebenfalls »Winterschlaf«, was oftmals die lästige Malaria-Prophylaxe erübrigt. Im südafrikanischen Winter ist auch die Trockenzeit – und das bedeutet, dass die Tiere zu den Wasserstellen kommen, an denen sie leichter zu beobachten sind.

Die beste Zeit, um Jungtiere zu erspähen

Viele Einheimische empfehlen aber auch den April als Reisemonat. Die Sträucher sind zwar dichter bewachsen als im September und die Tiere dadurch schlechter zu sehen, aber wenn man sie sieht, entdeckt man oft den tierischen Nachwuchs, der meist zwischen November und Februar

Vom Pool des erhöht liegenden Four Seasons Hotel The Westcliff (▸ S. 70) genießt man einen herrlichen Blick, u. a. auf den Tierpark von Johannesburg.

zur Welt kommt und im April schon munter herumtollt. Und das ist wirklich sehenswert!

Familienfreundlich

Neben den Bed & Breakfast-Häusern (Afrikaans: »Bed en Ontbyt«, was man außerhalb der Städte des Öfteren auf Schildern am Straßenrand stehen sieht) ist auch das »**Self-Catering**« in Südafrika sehr populär. Das bedeutet zwar, dass man sich selbst verpflegen muss, aber meistens auch, dass man einen kompletten Bunga-

low für den Preis eines Hotelzimmers bekommt. Besonders für Familien, die länger als eine Nacht an einem Ort bleiben wollen, um die Reisestrapazen für die Kinder so gering wie möglich zu halten, ist diese Art Unterkunft ideal. Wer nicht ständig kochen möchte, kann meistens die Betreiber bitten, für einen Aufschlag das Abendessen zuzubereiten. (So lernt man auch die einheimische Küche kennen.) Viele der Self-Catering-Häuser befinden sich praktisch in der freien Natur, oft auf Farmen oder auch ganz nah an Stränden, sodass man Land und Leute kennenlernen kann. Eltern erleben häufig den geruhsamsten Teil ihres Südafrika-Urlaubs an solchen Orten, denn die Kinder spielen und toben draußen herum – die Umgebung ist sicher. Die Häuser sind durchweg mit allem ausgerüstet, was man braucht: voll eingerichtete Küche, Bäder (fragen Sie, ob es eine Wanne gibt!), Wohnraum mit Kamin. Bei der Reservierung stets präzise Fragen stellen, was angeboten wird – und dann darauf pochen, dass auch alles da ist.

Dazu kommen die seit Jahrzehnten beliebten **Camps** in Dutzenden Nationalparks – nirgendwo auf der Welt besser und zahlreicher als in Südafrika. In Parks wie Addo, Greater Limpopo, Augrabies Falls, Kgalagadi, Pilanesberg, Karoo und Marakele im Nordwesten kann man zwischen wundervoll eingerichteten Vierbett-Bungalows oder einfachen Rundhütten wählen, sich selbst bekochen oder ins Restaurant gehen. Ferner gibt es noch Naturreservate wie beispielsweise De Hoop (beste Walsichtungen im ganzen Land), Sterkspruit und Oribi – dort allerdings wird deutlich weniger geboten, nur selten wird man ein Restaurant vorfinden.

Südafrikas private **Game Lodges** haben Weltruf erlangt. Wer die »Big Five« (Löwen, Leoparden, Elefanten, Nashörner und Büffel) von Nahem erleben will und gleichzeitig, mitten »im Busch«, luxuriös übernachten möchte, wird an Orten wie Mala Mala, Singita, Ulusaba, Londolozi, Phinda oder Thornybusch restlos verwöhnt. Das hat natürlich seinen Preis. Aber die Fahrten in offenen Allradwagen, die Safaris zu Fuß und die Informationen der Ranger zu Flora und Fauna sind einmalig. Das Angebot dieser Lodges ist enorm groß geworden – man sollte daher sorgfältig Preis und Leistung prüfen, bevor man bucht.

MERIAN Tipp

GROOTBOS PRIVATE NATURE RESERVE 📖 C 8

Luxus und Natur stehen in der Fünf-Sterne-Lodge in Einklang. Inmitten 17 qkm einzigartiger Landschaft kann man wandern, reiten, relaxen. ▶ S. 14

In allen Fällen gilt: Während der Hochsaison und in den südafrikanischen Schulferien muss im Voraus gebucht werden! Dabei gibt es eine wichtige Unterscheidung: Die herrlichen, oft übersehenen Parks in der Provinz KwaZulu-Natal (Hluhluwe-Imfolozi, iSimangaliso, Mkhuze, Drakensberge, ▶ S. 85, 86, 87) laufen, anders als die zuvor genannten Parks im übrigen Südafrika, weiter unter gesonderter Regie. Die beiden Kontaktadressen sind:

KwaZulu-Natal (KZN) Wildlife
Tel. 00 27/33/8 45 10 00 • www.kznwildlife.com

South African National Parks
Tel. 00 27/12/4 28 91 11 • www.sanparks.org

Empfehlenswerte Hotels und andere Unterkünfte finden Sie bei den Orten im Kapitel ▶ Unterwegs in Südafrika.

Preise für ein Doppelzimmer mit Frühstück:

€€€€ ab 3000 Rand   €€€ ab 2000 Rand
  €€ ab 800 Rand   € bis 800 Rand

Essen und Trinken

Die kulinarischen Genüsse Südafrikas wurden von allen
Küchen der Welt beeinflusst und lassen keine Wünsche offen.
Das Beste daran: Die Preise sind angenehm günstig!

◄ Ein Koch konzentriert sich auf die Zubereitung des würzigen Traditionssnacks Biltong (► MERIAN Tipp, S. 15).

Allgemein geht man in Südafrika wie in Europa zum »Italiener«, »Mexikaner« oder »Franzosen«, in ein Steakrestaurant oder ein Fischlokal. In den letzten Jahren haben sich die Standards – besonders in Kapstadt und Johannesburg – deutlich verbessert. So wurde die Metropole am Tafelberg in Großbritannien bei einer Umfrage unter Vielreisenden in der Rubrik »Restaurants und Essen« sogar als beste Stadt der Welt bewertet! Vereinzelt, aber zunehmend trifft man sogar auf Gourmetrestaurants, die den Vorbildern in Europa ebenbürtig sind – beispielsweise die exzellenten Restaurants in den Winelands (► S. 55, 98). Selbst in kleineren Orten, etwa entlang der Garden Route (► S. 59), findet man heute gute und originelle Lokale mit freundlicher Bedienung. Die Konkurrenz der Top-Restaurants in den Metropolen ist inzwischen so groß, dass man unter www.tripadvisor.com aktuell erfahren kann, wer gerade als die Nr. 1 Südafrikas gilt. Alle Restaurants findet man im Internet unter www.eatout.co.za oder www.dining-out.co.za.

Eine authentische Mischung

Die Tatsache, dass es keine authentische Küche gibt, hängt damit zusammen, dass das Land von Holländern, Deutschen und Franzosen besiedelt wurde, die jeweils ihre eigenen Essgewohnheiten mitbrachten. Wie ein lokaler Gourmet feinsinnig festgestellt hat, waren das Essen und der Wein die Hauptgründe für die Erschließung Südafrikas – gemeint ist

Jan van Riebeecks Auftrag 1652, am Kap der Guten Hoffnung für frisches Gemüse, Wasser und später Wein zu sorgen. Weil aber jahrelang Seefahrer aus Asien am Kap haltmachten, entwickelte sich die Kapküche zu einer Mischung aus holländischen Gerichten, verfeinert mit ostindischen und indonesischen Gewürzen. Die folgende kleine Auswahl kann man vielleicht am ehesten als typisch für die Kapküche nehmen: »**Babotie**«: Hackfleischauflauf, der mit einer Lage Kartoffelpüree im Ofen zubereitet und auf einem Safranring serviert wird; mit Curry und Kräutern gewürzt.

 MERIAN Tipp

BILTONG

Biltong ist der südafrikanische Snack schlechthin. Getrocknetes Fleisch vom Rind, Kudu, Springbock oder Strauß diente schon den Buren als Reiseproviant. ► S. 15

»**Bredies**«: Eintopf mit Fleischwürfeln, die süßsauer mit Mandeln, Rosinen und Aprikosen zubereitet werden und langsam im eigenen Saft sanft schmoren.
»**Currys**«: gekochte Fleischstücke, mit einer Mischung aus Koriandersamen, Pfeffer, Gelbwurz und Kräutern gewürzt. Man serviert dazu »**Rootis**«: indische Fladenbrote, die über offener Flamme gebacken werden. Als Beilagen reicht man üblicherweise Bananen, Tomatenstücke, Kokosraspel und Chutney.
»**Sosaties**«: gegrillte Fleischspieße mit Zwiebeln oder Früchten.
Südafrikaner, besonders die Weißen, lieben das Grillen, den »braai«.

Wegen des hohen Fischaufkommens ist Hout Bay (▶ S. 52) Südafrikas wichtigster Fischereiort. Die Restaurants vor Ort sind die ersten Abnehmer der fangfrischen Ware.

Wahre Berge von Fleisch (Lamm, Rind und Wurst) werden – meist von Männern – über den Kohlen zubereitet, während man sich über Gott und die Welt auslässt und ordentliche Mengen an Alkohol konsumiert. Im Landesinneren wird vornehmlich Fleisch gegessen, und die Qualität der Steaks ist durchweg sehr gut. In Wildpark-Restaurants sollte man darauf achten, ob Steaks von Antilopen, Büffeln oder auch Straußen auf dem Menü stehen – eine gute Gelegenheit, mal etwas anderes zu probieren. Lamm aus der trockenen Karoo ist besonders schmackhaft, denn es ist auf natürliche Weise vorgewürzt: Die Tiere dort fressen viele Kräuter. In den Küstengebieten haben Meeresfrüchte aller Art eine lange Tradition. Der »**crayfish**« ähnelt dem Hummer. Leider ist diese Delikatesse auch am Kap teurer geworden. Zwei sehr schmackhafte Fische sind

»klingklip« und »yellowtail«. Beliebt sind außerdem Schwarzmuscheln (»mussels«), Austern, Krabben, Babytintenfisch (»calamari«) und Seeohren (»perlemoen«). Man sollte immer fragen, ob das bestellte Gericht auch wirklich fangfrisch zubereitet wird!

Frische Tropenfrüchte

Nicht zu vergessen ist das lokale, große Sortiment an Früchten: hervorragende Zitrusfrüchte (»cape«), Äpfel, Birnen, Pfirsiche, Bananen, Mangos, Litschis und Melonen. Vor allem in der Gegend von Upington werden hervorragende Trockenfrüchte hergestellt und in die ganze Welt verschickt.

Das Leitungswasser ist überall im Land ohne Bedenken trinkbar. Es gibt auch einige gute Mineralquellen, deren Wasser man bei Tisch bestellen kann.

Was Alkoholika angeht, so produzieren die Südafrikaner zwar hervorragenden Wein, sie trinken aber am liebsten **Bier**, gefolgt von harten Drinks (Whisky, Brandy, Gin). Die häufigste Biersorte ist das Lager, neuerdings wird auch Pils ausgeschenkt. Die gängigsten Marken heißen Castle, Lion, Ohlsons und Amstel. Aus dem Nachbarland Namibia wird das Windhoek Lager importiert, das strikt nach dem deutschen Reinheitsgebot gebraut wird. Ebenfalls aus Namibia kommt das Windhoek Light (0,5 % Alkohol). Im Mai/Juni wird von dort dunkles Starkbier (deutsche Aufschrift) eingeführt.

Qualität – aber günstig!

Die lokalen **Weine** sind erstklassig und dabei auch noch preiswert: Selbst Spitzenlagen bekommt man vom Weingut oder aus dem Großhandel in der Stadt (Wine Warehouse, Bottle Store, Woolworths, Pick 'n' Pay) schon für drei bis vier Euro die Flasche; aber auch in Restaurants ist eine gute Flasche Wein, anders als in Mitteleuropa, ab acht Euro zu haben. Liebhaber sollten unbedingt Cabernet Sauvignon, Merlot, Pinotage, Shiraz (Rotweine) und Sauvignon Blanc, Chardonnay, Blanc Fumé und Rhine Riesling (Weißweine) sowie einige der folgenden Marken kosten: Backsberg, Blaauwklippen, Boschendal, Buitenverwachting, Klein Constantia, Neethlingshof, Nederburg, Overgaauw, Rustenberg.

Es gibt kaum einen Besucher aus devisenstarken Ländern, der nicht davon schwärmt, wie preiswert es sei, in hochwertigen Restaurants zu essen und zu trinken. In den meisten Restaurants sollte man warten, bis man vom Kellner platziert wird (»wait to be seated«). In Südafrika herrschen normalerweise lockere Umgangsformen, in den meisten Restaurants gibt es keinen Dresscode. In den gehobenen Restaurants ist lässig-elegante Kleidung (»smart casual«) erwünscht, das heißt Hemd und lange Hosen für den Herrn, eventuell auch ein leichtes Jackett. Reservierungen sind vor allem abends und in der Hauptsaison empfehlenswert, um längere Wartezeiten zu vermeiden.

Tante-Emma-Lädchen

Überall, selbst im kleinsten Dorf auf dem Land, findet man die sogenannten »Cafés« oder »**Winkels**« – Tante-Emma-Läden an der Straßenecke, wo man alles bekommen kann, von Getränken und belegten Brötchen bis zu Waschmittel, Zahnpasta und Zeitungen (allerdings keinen Alkohol). Diese Läden sind meistens täglich von 7 bis 21 Uhr geöffnet, was besonders für Urlauber auf der Durchreise angenehm ist. Natürlich bieten die großen Supermarkt-Ketten (Pick 'n' Pay, Checkers-Spar, Food Lovers Market, Woolworths) alles reichhaltiger und preiswerter – aber die kleinen Läden sind eben praktischer und sollten unterstützt werden. Für Selbstversorger ist der Erwerb einer Kühlbox, die es in den Super- oder auch Hypermarkets für wenig Geld gibt, sehr zu empfehlen.

Empfehlenswerte Restaurants finden Sie bei den Orten im Kapitel ▶ **Unterwegs in Südafrika.**

Preise für ein dreigängiges Menü:

€€€€ ab 500 Rand	€€€ ab 250 Rand
€€ ab 150 Rand	€ bis 150 Rand

Einkaufen

Köstlichkeiten vom Markt, Kunsthandwerk oder Edelsteine –
an Souvenirs mangelt es nicht. Auch die Kunstszene verlockt
immer mehr Besucher, einen Wertgegenstand zu erwerben.

◂ Das große Straußenei – ein beliebtes südafrikanisches Souvenir – bietet genug Gestaltungsfläche.

Leider wird viel Schmuck aus Edelmetallen und Edelsteinen, die aus dem Boden Südafrikas kommen, in Italien oder auch Deutschland hergestellt – und teuer nach Südafrika reimportiert. Es gibt allerdings einige gute Juweliere, die an Ort und Stelle selbst fertigen. Beim Goldkauf ist Vorsicht geboten: Die meisten Ketten und Armreife haben einen Goldgehalt von neun Karat oder sind platiniert, weil der südafrikanische Kunde das vorzieht. Beim Diamantenkauf muss man immer ein exaktes Zertifikat verlangen, sonst könnte es nach der Abreise böse Überraschungen geben, die die frohe Urlaubsstimmung zunichtemachen.

Immerwährender Glanz

Es gibt natürlich viele **Juweliere** in Südafrika, die Bandbreite bei Preis und Produkt ist sehr groß. Einige können aus langjähriger Erfahrung empfohlen werden, was Integrität und Kreativität angeht:
In Kapstadt: die Diamantenspezialisten Prins & Prins (Ecke Loop & Hout Street); für ausgefallene Entwürfe den gebürtigen Hamburger Uwe Koetter (Cape Quarter Lifestyle Village, Shop 103, Level 1, 27 Somerset Road, Green Point, sowie eine Filiale an der Waterfront in der V & A Hotel Arcade); und Peter Gilder im Constantia Village, ebenfalls mit eigener Manufaktur, der sich besonders auf den seltenen Tanzanit konzentriert (und die Steine selbst aus der tansanischen Mine abholt). In Johannesburg: die Gebrüder Uwe und Heiko Birkner in Sandton City,

die sich auch auf Farbsteine spezialisiert haben. In Durban: zweimal Cherry Design Jewelry, ebenfalls mit eigener Manufaktur, im Gateway Center und in Umhlanga Rocks.

Erinnerungen für zu Hause

Afrikanische Künstler haben in den letzten Jahren die Straßen Südafrikas erobert. In allen größeren Städten bieten sie an Ampeln ihre Waren feil. Viele von ihnen sind Flüchtlinge aus West- und Zentralafrika und stellen schöne und preiswerte Erzeugnisse aus bunten Perlen und aus Holz her. Man kann unbesorgt das Autofenster herunterkurbeln: Diese Menschen sind durchweg freundlich und nicht aufdringlich, wenn man nichts kaufen möchte. Schöne afrikanische Souvenirs und andere Gegenstände findet man in Kapstadt, Johannesburg und Durban auf den **Flohmärkten**: Landesweit gibt es davon über 100. Aber auch in den sogenannten **Curio-Läden** ist manches interessante Stück zu erstehen (obwohl auch viel Ramsch angeboten wird). So stellen die Stämme der **Zulus**, **Xhosa** und **Ndebele** Perlenschmuck, bestickte Puppen, Tierschnitzereien, Töpfe, Armreife aus Messing und Kupfer sowie Kleidungsstücke her. Der »kalabasch«, ein Topf aus Kürbisrinde, und die kleinen, bunten Perlenarbeiten, die traditionellen Liebesbriefe junger Mädchen an ihre Verehrer, sind Beispiele der Zulu-Kunst.

Drahtige Kunst

Immer stärker setzt sich auch die **Township Art** in der Wertschätzung der Touristen durch: fantasievoll aus Draht gebastelte Autos, Fahrräder und Windmühlen.

Wertvolle Objekte von schwarzen und weißen Künstlern – Gemälde, Plastiken – findet man in Galerien, besonders in Johannesburg. Wer beispielsweise ein Werk der (namibischen) Künstler Muafangejo und Adolf Jaensch oder der Südafrikaner Irma Stern, François Krige, Willie Bester (Collagen) und Lucky Sibiya ersteht, nimmt etwas Landestypisches und zudem von bleibendem Wert mit nach Hause.

⭐ MERIAN Tipp

PAN AFRICAN MARKET

▸ Klappe hinten, e 4

Alles, was Afrika zu bieten hat, findet sich unter einem Dach: drei Etagen voller traditioneller und moderner Kunst, aber auch Kitsch.   ▸ S. 15

Der Strauß, der in der Gegend um Oudtshoorn gezüchtet wird, ist eines der nützlichsten Tiere der Welt, was seine Verwertbarkeit angeht. Aus seinem widerstandsfähigen, pockigen Leder werden Handtaschen, Geldbeutel, Schuhe und Koffer gefertigt. Die großen Straußeneier werden bemalt, die bunten Federn waren früher der letzte Modeschrei, heute eher Staubwedel – aber wer weiß, alles kommt bekanntlich wieder.

Kulinarische Souvenirs

Landestypisch und einfach mitzunehmen sind **Biltong** (▸ MERIAN Tipp, S. 15) und eine Geschenkpackung Wein. Viele Weingüter verschicken auf Wunsch auch größere Flaschenmengen nach Europa, wobei man die Versandkosten vergleichen sollte, weil sie manchmal stark variieren. Bücherwürmer können

auf Jahrmärkten und in Trödelläden fündig werden.

Beim Shopping hat sich gerade in Kapstadt in den letzten Jahren viel verändert. Afrikanische Händler aus Äthiopien, Somalia, dem Kongo und Westafrika bieten ihre »echte« Ware an. Dazu sagte kürzlich ein Kongolese: »In Kapstadt trifft sich heute ganz Afrika« und widerlegte damit das Image, Kapstadt sei die letzte Bastion der weißen Minderheit. In einem alten Bauernhof im Kapstädter Vorort Newlands (31 Newlands Ave.) befinden sich Geschäfte und Studios im Montobello Design Centre, in denen afrikanischer Schmuck, Bekleidung und schmiedeeiserne Arbeiten hergestellt werden. Man kann den Künstlern auf Wunsch auch bei der Arbeit zusehen. Außerdem findet man Keramik, Kissenbezüge und Tischtücher der Xhosa, afrikanische Musikinstrumente, Poster, T-Shirts und eine gute Auswahl von Silberbestecken der mittlerweile sehr bekannten Künstlerin Carrol Boyes. Ausgesprochen populär sind in den vergangenen Jahren auch die bunten Handtaschen von Adri Schutz geworden, die man in dem kleinen Laden »Mielie« 🍃 (▸ S. 50) findet. Geflochten aus recycelten Textilien (aber sehr widerstandsfähig), werden diese Taschen von Hand von früher arbeitslosen Township-Frauen hergestellt. Ein wirklich originelles Souvenir aus Südafrika – und enorm praktisch obendrein!

Überhaupt gibt es immer mehr gute einheimische **Modeschöpfer**. Die Kleider von Designern wie Maya Prass, Craig Native und Stoned Cherrie findet man unter anderem in den Kaufhäusern von Wool-

Souvenirs, wie diese kleinen Püppchen aus einer Township in Kapstadt, sind hübsche Erinnerungen – zugleich unterstützt man mit dem Kauf die Einheimischen.

worths. In Johannesburg ist der Rooftop Market jeden Sonntag von 9 bis 17 Uhr eine Schatztruhe, gefüllt mit verschiedenstem Schmuck, Accessoires, Klamotten und Kunst aus ganz Afrika (Ecke Cradock/ Becker Street, Rosebank).

Glänzendes und Wertvolles

Vor allem Kinder lieben die bunten **Halbedelsteine**: Amethyste, Tigeraugen und Quarze. In Kapstadt bekommt man sie sehr günstig bei The Scratch Patch (an der Waterfront, 1 Dock Road und ab Fabrik in Simon's Town, Dido Valley Road).

Seriöse **Antiquitätenläden** findet man in allen Großstädten. Das meiste stammt von den Höfen der Kolonialisten: kapholländische Möbel, englisches Silber und antiker Schmuck. In Kapstadt finden regelmäßig Auktionen statt, die vorab in den Zeitungen annonciert werden.

Wer ein gültiges Flugticket und seinen Pass vorlegt, kann beim Einkauf oft die **Mehrwertsteuer** (VAT) sparen. Dazu stellt man bei der Ausreise beim VAT Refund Administrator am Flughafen einen Antrag auf Rückerstattung der Mehrwertsteuer (in aller Regel werden auf die Güter 14 % Steuern erhoben). Damit dieser Antrag genehmigt wird, müssen jedoch nicht nur alle Steuerbelege, sondern auch die Waren und Güter vorgezeigt werden. Etwas Organisation ist also nötig.

Die Geschäfte sind werktags meist von 8.30 bis 17.30, samstags bis 17 und manchmal sonntags bis 14 Uhr geöffnet. Manche großen Einkaufszentren (Shoppingmalls oder -center) haben auch bis 21 Uhr offen.

Empfehlenswerte Geschäfte und Märkte finden Sie bei den Orten im Kapitel ▶ **Unterwegs in Südafrika.**

Sport und Strände

Südafrika ist ein Paradies für Sportarten wie Tennis, Golf oder Wandern. Und an den traumhaften Stränden werden Wellenreiter, Windsurfer und Sonnenhungrige glücklich.

◄ Pferdesafaris, wie hier am Strand von Richards Bay in KwaZulu-Natal (▶ S. 80), sind sehr beliebt.

Entlang der Küste des warmen Indischen Ozeans, besonders nördlich von Port Elizabeth, findet man Sporthotels der Sun-Gruppe, die sich oftmals in ausgesuchter Lage am Wasser befinden, so etwa das Wild Coast Sun und das Mpekweni Sun. Hier gibt es ein vielfältiges Sportangebot, von Wasserskifahren, Windsurfen oder Segeln bis zum Wandern und Reiten an endlosen Stränden.

Fast überall im Land sind ausgedehnte und landschaftlich reizvolle **Wanderungen** möglich, sei es in den einsamen Berglandschaften von Mpumlanga, in den wildromantischen Drakensbergen oder in den Weingebieten der Kapprovinz.

Auskunft über Möglichkeiten und Genehmigungen gibt der Mountain Club of South Africa (Tel. 0 21/4 65 34 12, www.mcsa.org.za), den man übrigens bei mehrtägigen Wanderungen immer genau von seiner Route informieren sollte! In den Drakensbergen ist es ratsam, im Camp Personalien sowie die nächsten Ziele zu hinterlassen.

DRACHENFLIEGEN

Passionierte Drachenflieger sollten sich einen Flug vom Tafelberg auf gar keinen Fall entgehen lassen. Informationen: South African Hang Gliding and Paragliding Association, www.paragliding.co.za. Drachenflieger und Paraglider müssen sich zum Fliegen im Aero Club of South Africa anmelden: www.aeroclub.org.za, Tel. 0 11/0 82 11 00. Tipp: The Bungalow Restaurant in Clifton ist Treffpunkt für Drachenflieger.

FUSSBALL

Unter der schwarzen Bevölkerung regiert samstags König Fußball. Ein Erlebnis ist es, sich ein Spiel der »Kaizer Chiefs«, »Orlando Pirates« oder »Moroka Swallows« anzusehen. Meistens wird dann im FNB-Stadion (Soccer City) westlich von Johannesburg gespielt. Der Besuch ist auch nicht gefährlicher als in anderen Stadien, aber größere Geldbeträge lässt man lieber im Hotel zurück.

GOLF

Erfahrenen Golfspielern aus allen Ländern der Erde ringen besonders folgende fünf Plätze Respekt und Anerkennung ab: der Gary Player Country Club in Sun City (Nordwest, Tel. 0 14/5 57 12 45), wo alljährlich Anfang Dezember das teuerste Turnier der Welt gespielt wird; der Hans Merensky Golf Club in Phalaborwa (Mpumalanga, Tel. 0 15/7 81 39 31), mit Antilopen auf den Fairways und Nilpferden im Wassergraben am 17. Loch; der Fancourt bei George (Kapprovinz, Tel. 0 44/8 04 00 30), den viele für den schönsten im Land halten, sowie die beiden traditionsreichen Anlagen des Durban Country Club (Tel. 0 31/3 13 17 77) und des Royal Cape Golf Club (Kapstadt, Tel. 0 21/7 61 65 52).

Es gibt ca. 400 Plätze in Südafrika. Deutschsprachige Infos gibt es unter www.suedafrika-golf.de.

RADFAHREN

In den letzten Jahren ist, besonders in Kapstadt, das organisierte »cycling« in Mode gekommen, auch, weil es nach wie vor wenig Radwege in Südafrika gibt. Nun sieht man fast an jedem Wochenende Radfahrer bei Veranstaltungen. Die Cape Town

Cycle Tour, die jeweils Anfang März stattfindet, ist ein solches Event. Mit knapp 40 000 Teilnehmern gehört das Radrennen zu den größten Sportveranstaltungen der Stadt. Die wunderschöne, 105 km lange Strecke führt rund um die Kap-Halbinsel (www.cycletour.co.za).

Weitere Auskunft gibt die Pedal Power Association (Tel. 0 21/6 89 84 20, www.pedalpower.org.za).

REITEN

Man kann nahezu überall reiten, an der Küste und im Inland, für zwei Stunden oder über mehrere Tage.

Hotels und Informationsbüros kennen die örtlichen Reitställe. Drei (ausführlich getestete) Tipps: Das »Bonanza«-Erlebnis in der flachen Karoo gibt's auf der Schaffarm Omdraai Vlei bei Edwin und Danielle Jackson (Tel. 0 53/3 53 33 34), durch Zuckerrohrfelder trabt man auf den Waterberry Trails mit Judith McDowell in den Natal-Midlands (Tel. 0 31/7 65 34 12), und auf Sand galoppiert man am Strand von Noordhoek bei Kapstadt (Tel. 0 21/7 89 23 41).

SEGELN/WINDSURFEN

Bei 3000 km Küste, Staudämmen und Seen sind die Segel- und Surfmöglichkeiten schier unbegrenzt, zumal der Wind durchschnittlich mit 15 bis 20 Knoten bläst. Schwieriger wird es mit dem Verleih von Segelbooten und Surfbrettern. Jachtclubs bieten meistens diesen Service an. In Großstädten wie Kapstadt, Port Elizabeth und Durban helfen auch Sportgeschäfte oft weiter; sonst in den Satour-Büros oder an der Hotelrezeption fragen.

Informationen erteilen auch Surfing South African (www.surfingsouth africa.co.za) und South African Sailing (Tel. 0 21/5 11 09 29, www.sailing.org.za).

TAUCHEN/SCHNORCHELN

Wer seine eigene Ausrüstung mitbringt (Neoprenanzug, Flaschen etc.), kann praktisch überall tauchen gehen. Merke: Das Wasser im Atlantik ist kalt, und auch der Indische Ozean ist von September bis April erst ab Port Elizabeth ohne Schutzanzug längere Zeit erträglich.

Tropisches Schnorcheln im warmen Wasser ist nur an der Nordküste KwaZulu-Natals bei Sodwana Bay möglich. Tauchlehrgänge und Infos bekommt man von der South African Underwater Union in Parow bei Kapstadt (Tel. 0 21/9 30 65 49).

Ein verlässlicher Anbieter am Kap ist Pisces Divers: www.piscesdivers.co.za (Tel. 0 21/4 22 40 26).

TIEFSEEFISCHEN

In den Hafenstädten Kapstadt, Port Elizabeth und Durban kann man voll ausgerüstete Jachten mieten. Auskunft erhält man in Reisebüros.

WASSERSKI

Auf Staudämmen, künstlichen Seen und auf Flüssen fahren Südafrikaner leidenschaftlich gern Wasserski – so gut wie nie auf dem Meer, denn der Wellengang ist oft zu hoch. Sehr beliebt sind der Vaal-Damm (Nordwest) und der Clanwilliam-Damm (Kapprovinz), die Lagunen in Langebaan und in Hermanus, der künstliche See in Sun City (Nordwest) und die Sodwana Bay (Natal-Küste). Viel zu selten findet man öffentliche Wasserski-Clubs, was sich allerdings mit zunehmendem Tourismus ändern dürfte. Aber jederzeit kann man einem privaten Bootsbesitzer Benzingeld anbieten, um »eine Runde zu drehen«.

STRÄNDE

Praktisch jeder Küstenort am Atlantik (kalt) und am Indischen Ozean (warm) hat mehrere Sandstrände; bei etwa 3000 km Küste ist es allerdings unmöglich, jeden einzelnen aufzuführen.

Cape Vidal   K 4

Herrlich ist es an diesem langen Sandstrand nördlich von St. Lucia – besonders im Juli, wenn es im übrigen Land langsam kalt und nass wird und man hier noch immer bei 22 °C Meerestemperatur baden kann. Wer keine Übernachtungsmöglichkeit gefunden hat (es gibt nur 25 Blockhütten), sollte nicht zu spät losfahren, denn auch die Anzahl der Tagesbesucher wird auf 100 Autos begrenzt. Umso schöner für die, die es genießen dürfen …

Durban   J 5

In Durban, wo das Wasser im Sommer sehr warm wird, sind die beliebtesten Strände: North Beach, Scottborough Beach (südlich), Ballito und Umhlanga Rocks (nördlich). Immer darauf achten, ob der Strand mit Netzen vor Haien gesichert ist, nie nachts und nie mit blutenden Wunden baden!

Kapstadt   C 8

Man hat die Auswahl zwischen zwei Meeren. Meistens entscheidet der Wind, an welchen Strand man geht: Eine Seite ist immer windgeschützt. Die schönsten Strände am Atlantik sind: Clifton Beach, Sandy Bay (auch FKK), Camps Bay und der Blouberg-Strand zum Wandern und wegen der Aussicht auf den Tafelberg. Am Indischen Ozean empfehlen wir Boulders (hinter Simon's Town, etwa 40 km südlich von Kapstadt), St. James, Muizenberg und Gordon's Bay.

Im Hochsommer (Dezember bis März) flüchten betuchte Kapstädter aus der heißen Betonwüste in den Badeort Hermanus, 110 km östlich der Stadt. Die fantastische Brandung lädt zum Surfen ein.

Sodwana Bay   K 4

Sodwana Bay, 400 km nördlich von Durban, ist ein Allround-Paradies: traumhafte Sandstrände, vor denen man segeln und Wasserski fahren kann, die südlichsten Korallenriffe der Welt (»Schnorcheln ist so schön wie auf den Seychellen«, sagen Kenner) und ein Zoo. Nachts kommen Wasserschildkröten an Land und legen ihre Eier ab, Fischadler drehen ihre Runden.

Die Unterbringungsmöglichkeiten sind vielfältig, beispielsweise werden luxuriöse Privathäuser angeboten (www.sodawanabaylodge.com; die Preise richten sich nach der Personenzahl). Schließlich bietet die Parkbehörde auch noch 20 Holzchalets und einen Campingplatz (Zelte/Wohnwagen), die aber Monate im Voraus gebucht werden müssen (Reservierungen: Tel. 0 33/8 45 10 00).

Transkei – Coffee Bay   H 7

Wer die Einsamkeit des endlosen Strands genießen möchte und am liebsten weit weg ist von allem Schickimicki, der ist hier an der Wild Coast genau richtig. Schiffswracks! Rustikale Unterkünfte. Vor Umtata (Transkei) von der N2 abbiegen, 60 km Richtung Meer.

Familientipps

Am Strand warten Badespaß und Sandburgen, im Landesinneren schlägt bei Touren durch die Naturparks, vorbei an
Löwen und Elefanten, nicht nur bei Kindern das Herz höher.

◄ Clownfische und 300 weitere Arten lassen im Two Oceans Aquarium (▶ S. 39) Kinderaugen leuchten.

Boulders Beach C 8

Die zwischen gewaltigen Granitfelsen gelegenen Strandabschnitte des Boulders Beach gehören zu den schönsten der gesamten Kapregion. Zum Besuchermagneten wurden sie jedoch wegen der hier lebenden Brillenpinguine. Von Holzpfaden aus können die possierlichen Frackträger beobachtet werden. Noch viel besser ist, dass man sogar mit ihnen schwimmen kann!

Simon's Town, Kleintuin Rd. • 7/8–17/18.30 Uhr (je nach Monat) • Eintritt 60 Rand, Kinder 30 Rand

Camping mit Kindern

Die Südafrikaner sind große Campingfreunde. Tun Sie es ihnen gleich, und verleben Sie mit Ihren Kindern einen Campingurlaub. Parks wie der Kruger National Park bieten sich dazu an. In den meisten Camps gibt es Zeltplätze oder, für die etwas Bequemeren, Hütten zu mieten. Für Kinder sind Camping, die Nähe zur Natur und das abendliche Grillen ein großer Spaß, der ihnen noch sehr lange in Erinnerung bleiben wird.

Cango Ostrich Farm E 8

Auf der Straußenfarm lernt man alles über Brut, Aufzucht und Pflege des großen Federviehs. Alle 20 Minuten findet eine Führung statt. Toll für Kinder: Man darf auf den Tieren sitzen, sie füttern und sogar reiten.

R62 von Oudtshoorn Richtung Cango Caves • www.cangoostrich.co.za • tgl. 8–16.30 Uhr • Führung 85 Rand, Kinder 50 Rand

14 km nordöstl. von Oudtshoorn

FotoTipp

STRAUSSENFARM

Eine Kinderschar, auf Straußeneiern balancierend, Strauße streichelnd, auf ihnen sitzend oder gar reitend – das gibt bewegte, spannende Fotos, die ein schlafender Löwe oder Gepard kaum toppen kann. ▶ S. 37

Die Strandloper C 7

In dem rustikalen Open-Air-Restaurant direkt am Strand gibt es Fisch satt. Einfache Holztische und Bänke stehen im Sand, auf dem traditionellen »braai« brutzelt fangfrischer Fisch, in rustikalen Töpfen kochen Muscheln und Fischcurrys. Dazu gibt es frisch gebackenes Brot und Rooibos-Tee. Die Kleinen können überall herumrennen und viel Spaß haben. Kinder bis zwölf Jahre bezahlen entsprechend ihrer Größe.

Langebaan, direkt am Strand, Beschilderung folgen • Tel. 0 22/7 72 24 90 • www.strandloper.com • Eintritt 260 Rand Festpreis • €€

Gold Reef City ▶ S. 71, südl. b 6

Auf einem alten Goldminengelände wurde am Südende von Johannesburg ein Vergnügungspark erbaut. Schrill und kitschig, ja, aber durchaus sehenswert. Man fährt 200 m tief in den Schacht Nr. 14 und erlebt, wie vor 100 Jahren das Gold mühsam aus dem Felsen gekratzt wurde. Häuser und Geschäfte aus jener Zeit, ein Museum, ein Streichelzoo und großartige Achterbahnfahrten sind im Preis inbegriffen.

Johannesburg • M1, Ausfahrt Xavier St. • www.goldreefcity.co.za • Mi–So 9.30–17 Uhr • Eintritt 175 Rand, Kinder 135 Rand

Kirstenbosch Gardens

▶ Klappe hinten, südl. c 6

Der botanische Garten gehört mit über 7000 Pflanzenarten zu den größten der Welt. Für Kinder besonders interessant ist der Aroma-Garten, in dem man die Pflanzen anfassen und beschnuppern darf. Wer einen schönen Spaziergang mit Ausblick genießen möchte, sollte den neuen Baumkronenpfad entlanggehen. Er schlängelt sich auf 11 m Höhe durch die Gipfel der mächtigen Bäume und bietet gigantische Panoramaaussichten.

Kapstadt, Newlands, Rhodes Dr. • www.sanbi.org/gardens/kirsten bosch • Sept.–März tgl. 8–19, April–Aug. 8–18 Uhr • Eintritt 50 Rand, Kinder 10 Rand (bis 6 J. frei)

Lion Park

▶ S. 75, b 3

In diesem Privatpark, 45 km nordwestlich von Johannesburg, leben 80 Löwen, Geparden, Leoparden, Hyänen und zahme Giraffen. Besucher fahren im eigenen Auto durch das Gehege. Zum Übernachten werden den vier Safarizelte angeboten. Restaurant, Souvenirladen und Picknickplätze sind auch vorhanden.

Lanseria, Malibongwe Dr./R114 Rd. • Tel. 0 87/1 50 01 00 • www.lion-park. com • tgl. 8.30–21 Uhr • Eintritt 225 Rand, Kinder 140 Rand

National Zoological Gardens

▶ S. 79, a 1

Dieser Tierpark ist einer der wenigen sehenswerten in Afrika. Auf dem riesigen Gelände haben seltene Antilopen, ein weißes Nashorn, Dschungeltiere aus Südamerika und sogar Eisbären ein Zuhause gefunden. Toll ist der Blick von oben aus einer Gondel, und besonders beeindruckend sind die Nachttouren (Mi, Fr, Sa ab 18 Uhr).

Kinder können in Südafrika unvergessliche Erfahrungen sammeln. Dazu zählen zweifelsohne die nahen Kontakte zu wilden Tieren, wie hier zu einem Löwenjungen.

Pretoria, 232 Boom St. • www.nzg.
ac.za • tgl. 8.30–17.30 Uhr • Eintritt
66 Rand, Kinder 44 Rand

Spur Steakrestaurants
Stets willkommen sind Kinder in den
Steakrestaurants, die es über 100-mal
in Südafrika gibt. Keiner beschwert
sich über Krach, man hält für Kinder
Malstifte und Bastelsachen bereit,
und die Speisekarte enthält »kiddies
portions« (kleine Portionen).
www.spur.co.za

Sun City   ▶ S. 75, a 1
Ein Traum für Kinder jeden Alters.
Von Wasserrutschen, Wellenbad und
unendlichen Sportmöglichkeiten bis
zu einem großen Wildpark in unmittelbarer Nähe ist alles da. Vier Hotels
unterschiedlicher Preisklassen.
Nordwest-Provinz • Tel. 0 11/ 7 80
78 78 • www.sun-city-south-africa.com
170 km nordwestl. von Johannesburg

The Scratch Patch
Kinder können in Halbedelsteinen
buddeln und sich die schönsten Tigeraugen, Rosenquarze, Amethyste
oder Bernsteine aussuchen. Die
preiswerte Dose voll Glitzersteine ist
obendrein ein bleibendes Souvenir.
www.scratchpatch.co.za • Sammel-
behälter ab 17 bis 95 Rand
– Kapstadt, 1 Dock Rd. (Waterfront) •
tgl. 9–18 Uhr   ▶ Klappe hinten, e 2
– Simon's Town, Dido Valley Rd. •
Mo–Fr 8.30–16.45, Sa, So
9–17.30 Uhr   ▉ C 8

Two Oceans Aquarium
▶ Klappe hinten, d/e 2
Dieses Aquarium an Kapstadts Wa-
terfront gilt als eines der besten der
Welt. Mehr als 300 Arten können in
30 Bassins beobachtet werden, au-

ßerdem gibt es einen Bereich, in dem
sich Pinguine aus nächster Nähe betrachten lassen. Beeindruckend ist
auch der über mehrere Stockwerke
reichende Wassertank, in dem Sand-
haie, Meeresschildkröten, Rochen
und andere Meeresbewohner ihre
Runden drehen.
Kapstadt, Dock Rd. • www.aquarium.
co.za • tgl. 9.30–18 Uhr • 112 Rand,
Kinder 55–87 Rand

uShaka Sea World   ▶ S. 83, c 2
Für die Fußball-WM 2010 wurde die
Strandpromenade Golden Mile restauriert. Hauptattraktion bleibt der
Freizeitpark uShaka Marine. Nirgendwo sonst kann man mit Tau-
cherglocke auf dem Kopf durch eine
Hai- und Rochenlagune wandern,
zwischen Korallen schnorcheln, Pinguine füttern und am Strand windsurfen. Und nur hier ist es möglich,
ganzjährig im Meer zu schwimmen!
Durban, 1 Bell St. • www.ushaka
marineworld.co.za • tgl. 9–17 Uhr •
Eintritt 149 Rand, Kinder 115 Rand

World of Birds   ▶ Klappe hinten, südl. c 6
Im größten Vogelpark des Landes
leben mehr als 3000 Vögel und andere Tiere. Besucher können in dem
an der Rückseite des Tafelbergmas-
sivs gelegenen Park durch mehr als
100 Vogelhäuser wandern und werden dabei von einem heiteren Vogel-
konzert begleitet. Ein Spielplatz ist
ebenfalls vorhanden, und Kinderwa-
gen können gemietet werden.
Hout Bay, Valley Rd. • Tel. 0 21/7 90
27 30 • www.worldofbirds.org.za • tgl.
9–17 Uhr • 85 Rand, Kinder 40 Rand

👫 Weitere Familientipps sind durch
dieses Symbol gekennzeichnet.

Kapstadt (▶ S. 43) landet in Rankings der schönsten Städte der Welt regelmäßig in den Top Ten. Hier treffen der warme Indische Ozean und der kühle Atlantik aufeinander.

Unterwegs in **Südafrika**

Im Süden das mediterrane Kap, im Osten das tropische Zulu-Land, im Norden der spannendste Großwildpark der Welt: Südafrika beeindruckt mit unglaublicher Vielfalt.

Kapstadt und Umgebung

Der Geheimtipp ist nicht mehr geheim: Das Kap mit seiner modernen Hauptstadt und dem weltbekannten Tafelberg ist zweifellos eine der schönsten Gegenden der Welt.

◄ Das überwiegend muslimische Boo-Kap-Viertel (▶ S. 43) ist bekannt für seine farbenfrohen Häuser.

Gauteng und Umgebung

Nordkap und Umgebung

KwaZulu-Natal und Umgebung

Garden Route und Kleine Karoo

Kapstadt und Umgebung

Zwischen dem Kap der Guten Hoffnung an der Südwestspitze, der Kalahari-Wüste im äußersten Norden und dem Oranje-Fluss im Osten umfassen die drei Kapprovinzen mehrere Landschafts- und Klimazonen, die von dem warmen Agulhas-Strom und dem kälteren Benguela-Strom beeinflusst werden. Entlang der Küste des Indischen Ozeans handelt es sich um eine sehr fruchtbare Region; nach Norden hin, angefangen mit der Karoo (»das durstige Land«), wird das Land zunehmend trockener und dünner besiedelt; dort eignet sich der Boden meist nur für die Schafzucht auf riesigen Flächen.

Wer genau hinsieht, merkt bald, dass Kapstadt und seine Umgebung die einzige Region des Landes ist, in der Schwarze nicht die Mehrheit der Bevölkerung stellen. Fast die Hälfte der 5,2 Mio. Menschen werden zu den »Coloreds« gerechnet; diese Südafrikaner gemischter Herkunft sind Nachkommen weißer Siedler aus Europa, schwarzer Einheimischer und Arbeiter aus Asien. Sie bilden im West- und im Nordkap die größte Bevölkerungsgruppe, gefolgt von Schwarzen und Weißen.

Kapstadt   📚 C 8

Stadtplan ▶ Klappe hinten
3,8 Mio. Einwohner

In Kapstadt ist es nie zu heiß und nie zu kalt – Wetterschwermut ist gänzlich unbekannt. Unterhalb des 33. Breitengrads herrscht mediterranes Klima. Nur in diesem Landesteil regnet es zwischen Juni und September. Überhaupt findet man »am Kap«

das etwas andere Afrika. Es weht, im wörtlichen wie im übertragenen Sinn, ein anderer Wind. Der Meereswind, mal aus südöstlicher, mal aus südwestlicher Richtung, vertreibt regelmäßig Smog und Krankheitserreger; die Einheimischen sprechen daher vom »Kapdoktor«. Der Tagesrhythmus ist gemächlich, was der Stadt den Spottnamen »Escape Town« eingebracht hat. Hier nimmt man sich noch die Zeit für einen Drei-Stunden-Lunch.

SEHENSWERTES
Bo-Kaap (Malay Quarter)

▶ Klappe hinten, d 4

Am Hang des Signal Hill reihen sich die farbenfrohen Häuser von Kapstadts ältestem Stadtteil in steilen, engen Gassen aneinander. Hier ist die muslimische Gemeinde Kapstadts zu Hause. Ihre Vorfahren sind im 16. und 17. Jh. von den Holländern nach Südafrika gebracht worden. Auch heute werden sie noch als Kapmalaien bezeichnet, obwohl nur 1% der Sklaven tatsächlich aus Malaysia stammte. Die meisten kamen aus Indien, Madagaskar und Sri Lanka. Das Stadtviertel beherbergt das **Bo-Kaap Museum** (71 Wale Street, Mo–Sa 10–17 Uhr) und die **Auwal Mosque** (39 Dorp Street), Südafrikas älteste offizielle Moschee

aus dem Jahr 1797. Wer die traditionelle kapmalaiische Küche probieren möchte, tut das am besten in Bo-Kaap, denn der kulturellen Vielfalt dieses Wohnviertels verdankt die kapmalaiische Küche ihren besonderen Charakter.
Andulela Experience • Tel. 0 21/4 18 30 20 • www.andulela.com

Camps Bay ▸ Klappe hinten, südwestl. a 4
Der lange, von Palmen gesäumte weiße Sandstrand von Camps Bay ist Kapstadts Promistrand. Hier herrscht turbulentes Treiben: Volleyball, Touch Rugby und Badminton zerstören so manche Sandburg. In den zahlreichen Restaurants und Cafés entlang der Strandpromenade trifft sich alles, was Rang und Namen hat. Sehen und gesehen werden stehen hier im Vordergrund. Ein idealer Ort, um ein wenig Miami-Beach-Feeling zu genießen.

Castle of Good Hope ▸ Klappe hinten, f 5
Das Schloss von 1697 ist das älteste Gebäude des Landes. Zeitweise lebten hier Kapgouverneure, heute beherbergt es ein Militärmuseum.
Zw. Strand und Darling St. • www.castleofgoodhope.co.za • tgl. 9–16, Führungen Mo–Sa 11, 12, 14 Uhr • Eintritt 30 Rand, Kinder 15 Rand

Company's Gardens
▸ Klappe hinten, d/e 5
Der Gemüsegarten van Riebeecks, heute die grüne Lunge Kapstadts. Herrlich zum Taubenfüttern.
Gouvernement Ave.

Kirstenbosch Gardens 👫👤
▸ Familientipps, S. 38

Robben Island ▸ Klappe hinten, e 2
Von der V & A Waterfront aus starten, an der Nelson Mandela Gateway (neben dem Clock Tower), alle zwei

Camps Bay (▸ S. 44) gilt als Treffpunkt jener, die etwas auf sich halten. Dahinter ragen die Zwölf Apostel, Teile des Tafelbergs (▸ MERIAN TopTen, S. 45), in die Höhe.

Stunden zwischen 9 und 15 Uhr moderne Fähren in Richtung Robben Island. Auf der 11 km vorgelagerten Insel wurden ab 1960 **Nelson Mandela** und seine Mitstreiter gefangen gehalten, im 17. Jh. Leprakranke. Heute ist das Zuchthaus ein Museum, die knapp vierstündige Tour, inklusive Inselrundfahrt, wird von einstigen Insassen geführt. Die Standardtour inkl. Fahrt mit der Fähre dauert dreieinhalb Stunden. Im Sommer sollte man reservieren! www.robben-island.org.za • Tour 280 Rand, Kinder 150 Rand

Signal Hill und Lion's Head

▶ Klappe hinten, c 4

Vom Kreisverkehr am Kloofnek führt eine Straße zur Spitze des Signal Hill. Von hier hat man eine herrliche Aussicht über die Stadt, die V & A Waterfront und die Tafelbucht. Am schönsten ist es mit einer Flasche Wein bei Sonnenuntergang.

⭐ Tafelberg ▶ Klappe hinten, südl. c 6

Mit der Seilbahn kommen Sie in wenigen Minuten auf das 1086 m hohe Wahrzeichen Kapstadts – bequem und sicher in einer Schweizer Gondel. Wem die Warteschlange zu lang ist, der kann in drei Stunden auch zu Fuß hinaufsteigen. Die Aussicht ist fabelhaft. Aber Vorsicht: Immer etwas Warmes zum Anziehen mitnehmen, egal wie warm es unten ist! www.tablemountain.net • tgl. ab 8 Uhr • Tickets 225 Rand, Kinder 110 Rand

Township Khayelitsha 📙 C 8

Die nach Soweto zweitgrößte Township Südafrikas befindet sich 16 km außerhalb Kapstadts. Sie entstand in den Zeiten der Apartheid, als die Farbigen aus den Gebieten der Weißen vertrieben wurden. Khayelitsha ist Xhosa und bedeutet »unser neues Zuhause«. Sie gibt über einer Million Schwarzen eine neue Heimat und mit vielen Entwicklungsprojekten Hoffnung auf einen Weg aus der Armut. Das Angebot an Township-Touren wird immer vielfältiger und interessanter, denn für viele Besucher gehören sie wie der Tafelberg und die Safari auf die Liste der Sehenswürdigkeiten, um das Bild von Südafrika abzurunden. Sehr individuelle Touren in verschiedene Townships rund um Kapstadt, wie z. B. einen Abend voller Kunst und Musik in der Kalkfontein-Township, bietet Andulela (▶ S. 52). 16 km südöstl. von Kapstadt

④ MERIAN Tipp

Noon Gun/Signal Hill

▶ Klappe hinten, d 4

Die Noon Gun, die täglich um 12 Uhr abgefeuert wird, ist immer noch eine Attraktion, auch wenn man heute auf die zeitliche Orientierung nicht mehr angewiesen ist. ▶ S. 15

② V & A Waterfront

▶ Klappe hinten, e 2

Im Jahr 1985 kam dem Kapstädter Architekten Gawie Fagan eine visionäre Idee: aus dem Hafen am East Pier, 1860 benannt nach Queen Victoria und ihrem Sohn Alfred, eine moderne Freizeitanlage zu machen. Attraktionen wie das **Two Oceans Aquarium** (300 Arten), Top-Hotels, Hafenrundfahrten und Hubschrauber-Rundflüge locken 20 Mio. Besucher jährlich an.

MUSEEN UND GALERIEN
Cape Town Diamond Museum
► Klappe hinten, e 2

Hier dreht sich alles um die funkelnden Steine. Originalgetreue Nachbildungen der weltweit größten und teuersten Diamanten sind zu sehen, ebenso wertvolle Originale. In der gläsernen Werkstatt sind Diamantenschleifer bei der Arbeit.
Clock Tower, 1. Stock • www.cape towndiamondmuseum.org • tgl. 9–21 Uhr • 50 Rand, Kinder frei

FotoTipp

BLICK VOM SIGNAL HILL
Mitten in Kapstadt hat man vom Signal Hill aus einen großartigen Blick, was zu fast jeder Tageszeit hervorragende Panoramabilder garantiert. Besonders schön ist die Stimmung am späten Nachmittag oder bei der untergehenden Sonne am frühen Abend.
► MERIAN Tipp, S. 45

District Six Museum
► Klappe hinten, e 5

Das Museum ist in der ehemaligen Central Methodist Mission Church untergebracht und zeigt mit sehr anschaulichen Dokumentationen und Führungen das Leben und den Untergang eines Stadtviertels aufgrund der Apartheidpolitik. Bevor Anfang des 20. Jh. Hunderte von Schwarzen und Mischlingen in die **Townships** vor die Stadt umgesiedelt wurden, lebte im District Six eine multikulturelle Gemeinschaft ein fröhliches Miteinander.
25a Buitenkant St. • www.districtsix. co.za • MoSa 9–16 Uhr • Eintritt 30 Rand, Kinder 5 Rand

Heart Transplant Museum
► Klappe hinten, südöstl. f 6

Der Operationssaal, in dem Professor Christiaan Barnard am 3. Dezember 1967 die erste Herzverpflanzung der Welt vornahm, wurde originalgetreu eingerichtet. Das kleine, aber faszinierende Museum im Groote-Schuur-Krankenhaus wurde im Jahr 1996 eröffnet. Man sollte unbedingt reservieren.
Groote Schur Hospital, Main Rd., Observatory • Tel. 021/4 04 19 67 • www.heartofcapetown.co.za • Führungen tgl. 9, 11, 13, 15, 17 Uhr • Eintritt 200 Rand, Kinder 50 Rand

Koopmans de Wet House
► Klappe hinten, e 4

Die beste Sammlung von kapholländischen Möbelstücken in Südafrika. Auch Delfter Porzellan und Gemälde sowie chinesische und japanische Kunstgegenstände.
35 Strand St. • www.iziko.org.za • Mo–Fr 10–17 Uhr • Eintritt 20 Rand, Kinder 10 Rand

South African Museum
► Klappe hinten, d 5

1825 gegründetes naturgeschichtliches Museum: Archäologie, Ethnologie (Buschmänner), Meeresbiologie und Planetarium, in dem der südliche Sternenhimmel gut verständlich erklärt wird. Seit 1998 sind hier auch die 113 000 Jahre alten Fußspuren des Urmenschen »Eva« ausgestellt, die an einer Lagune nördlich von Kapstadt gefunden wurden – die bisher ältesten entdeckten Spuren des modernen Menschen.
25 Queen Victoria St., Company's Gardens • www.iziko.org.za • tgl. 10–17 Uhr • Eintritt 30 Rand, Kinder 15 Rand

Respektvoll organisierte Township-Touren durch Khayelitsha (▸ S. 45) hinterlassen tiefe Eindrücke: Trotz der Armut kann man die Fröhlichkeit der Menschen erleben.

South African National Gallery

▸ Klappe hinten, d 6

Größte Sammlung südafrikanischer Kunst. Außerdem finden Sie hier Werke holländischer, deutscher, französischer und englischer Meister vom 17. Jh. bis zur Neuzeit. Government Ave., Company's Gardens • www.iziko.org.za • tgl. 10–17 Uhr • Eintritt 30 Rand, Kinder 15 Rand

Two Oceans Aquarium 👫👤

▸ Familientipps, S. 39

SPAZIERGANG

Stadtplan ▸ Klappe hinten
Man startet am besten dort, wo vor knapp 350 Jahren alles begann: in den **Company's Gardens**, am oberen Ende der Adderley Street, die meist nur Gardens genannt wird. Dort legte der Holländer Jan van Riebeeck im Auftrag der Dutch East India Company (VOC) Gemüsegärten an. Die Frischprodukte versorgten die Schiffsbesatzungen der Amsterdamer Aktiengesellschaft.

Die Gardens befinden sich gleichzeitig auch in der Bannmeile des Parlaments; in unmittelbarer Nähe liegen viele Museen, Bibliotheken und alte Kirchen. Mit dem **Tafelberg** ⭐ im Rücken läuft man durch den Park, in dem auch die Statue von Cecil John Rhodes steht. Der Diamantenmagnat, Premierminister der Kapkolonie und Begründer Rhodesiens (heute Simbabwe), zeigt nach Norden: »Dort liegt euer Hinterland.« Das Denkmal von General Jan Smuts, Premierminister der Union Südafrikas während der beiden Weltkriege, befindet sich neben der St.-Georg-Kathedrale am unteren Parkeingang. Smuts war Mitbegründer der Vereinten Nationen und liberaler Gegner der Apartheid; er kämpfte für die

Die größte Sammlung afrikanischer Kunst präsentiert die South African National Gallery (▸ S. 47) seit 1872 mit Dauer- sowie Wanderausstellungen.

Beibehaltung des Wahlrechts der schwarzen Bevölkerung. Die Kathedrale gehört zur anglikanischen Diözese von Erzbischof Desmond Tutu. Die Kirche des Friedensnobelpreisträgers war während der politischen Unruhen wiederholt Zufluchtsort für Demonstranten.

Wenn man nun linker Hand die Fußgängerzone in der St. Georges Street hinuntergeht, kommt man an dem Einkaufszentrum St. Georges Mall, an Banken, Restaurants und fliegenden Händlern vorbei. Das größte Einkaufszentrum hier, Golden Acre, liegt eine Straße weiter rechts in der Adderley Street; eine deutsche Buchhandlung findet man eine Straße weiter links in der Burg Street. Folgt man dieser nur ein paar Schritte in entgegengesetzter Richtung, kommt man auf den Green Market Square, einen der schönsten Plätze Kapstadts. Hier kann man über einen Kunsthandwerkermarkt bummeln oder das bunte Treiben bei einem Kaffee genießen. Parallel zur Burg Street erstreckt sich Kapstadts älteste Straße, die Long Street mit teils sehr schön restaurierten viktorianischen Häusern, die einen guten Einblick in die Architektur der Kolonialzeit geben. Am Abend füllen sich hier die Restaurants und Bars, in denen bis zum Morgengrauen gefeiert werden kann. Wer des Laufens nun müde ist, aber noch mehr sehen will, sollte den Bus in Richtung Hafen nehmen, quer durch die Foreshore (Land, das man dem Meer abgewann). Der Bus fährt bis zur **Victoria & Alfred Waterfront** ⭐, dem schönen Mittelpunkt der Stadt. Mit Bus oder Taxi gelangt man anschließend wieder zurück zu den Gardens; zu Fuß läuft man eine Dreiviertelstunde. Vorsicht vor Taschendieben! Dauer: 1 Std.

ÜBERNACHTEN

Cape Grace Hotel ► Klappe hinten, e 2
Elegant • Top-Hotel, das jedes Jahr internationale Auszeichnungen gewinnt. Exzellenter Service, wunderbare Lage und Spa im obersten Stock mit Blick auf den Tafelberg.
West Quay, V & A Waterfront • Tel. 0 21/4 10 71 00 • www.capegrace. com • 122 Zimmer • ♿ • €€€€

Daddy Long Legs ► Klappe hinten, d 5
Urig-kreativ • Jedes Zimmer wurde von einem Kapstädter Künstler entworfen, sei es ein Dichter, Fotograf oder Musiker. In der hauseigenen Bar trifft man interessante Typen. Annehmbare Preise trotz super Lage.
134 Long St. • Tel. 0 21/4 22 30 74 • www.daddylonglegs.co.za • 13 Zimmer, 5 Apartments • €€€

Nine Flowers Guest House
► Klappe hinten, d 6
Gemütliche Oase • Gästehaus in einem restaurierten viktorianischen Gebäude im Zentrum Kapstadts. Es besticht durch den herzlichen Service der deutschsprachigen Besitzer, die auch gern und professionell bei der Ausflugsplanung helfen.
133–135 Hatfield St. • Tel. 0 21/4 62 14 30 • www.nineflowers.com • 9 Zimmer • €€

ESSEN UND TRINKEN

An der **Victoria & Albert Waterfront** ⭐ gibt es Restaurants, Cafés, Bistros und Bars für jeden Geldbeutel und Geschmack. Weitere Restaurants, die empfehlenswert sind:

Beluga ► Klappe hinten, e 3
Szenetreff • Unverputzte Mauern und eine kühle Eleganz locken Gäste aus Film- und Modebranche an. Zu den Klassikern auf der Speisekarte gehören der glacierte Räucherlachs und köstliche Desserts!
The Foundry, Ecke Prestwich/Ebenezer St. • Tel. 0 21/4 18 29 48 • www. beluga.co.za • Mo–Fr 12.30–23, Sa, So 18.30–23 Uhr • €€€

Belthazar ► Klappe hinten, e 2
Fleisch und Wein • Seit vielen Jahren gehört das Restaurant mit Fleischspezialitäten vom Rind und Wild zu den besten Steakhäusern der Stadt. Phänomenal ist neben den guten Gerichten auch die enorm große Weinauswahl.
Victoria Wharf, Shop 153 • Tel. 0 21/4 21 37 53 • www.belthazar.co.za • €€€

Khaya-Nyama ► Klappe hinten, e 5
Freundlicher Service • Eland, Kudu, Springbock, Krokodil und Co. – exzellent zubereitet! Probieren Sie das Springbock-Carpaccio und das butterzarte Eland Steak. Schließlich bedeutet Khaya-Nyama »Haus des Fleisches«. Safari-Ambiente und gute südafrikanische Weine noch dazu!
267 Long St. • Tel. 0 21/4 24 29 17 • tgl. Lunch und Dinner • €€€

Blues ► Klappe hinten, südwestl. a 4
California-Atmosphäre • Mit Palmenstrand und viel Platz. Die Weine von Spitzenqualität kann man glasweise bestellen.
The Promenade, Victoria Rd., Camps Bay • Tel. 0 21/4 38 20 40 • www. blues.co.za • tgl. 12–23 Uhr • €€

Bukhara ► Klappe hinten, e 5
Bester Inder der Stadt • Zentral in der Stadtmitte gelegen. Der Koch spezialisiert sich auf nordindische Barbecues und Tandoori-Gerichte.

33 Church St. • Tel. 0 21/4 24 00 00 • www.bukhara.com • tgl. Lunch und Dinner • €€

Emily's ▸ Klappe hinten, e 2
Raffiniert • Hier wird europäische Küche mit afrikanischen Zutaten kombiniert. So gibt es geräuchertes Wildschwein, Forelle mit Austern und Sardellen oder angebratene Gänseleber!
55 Kloof St. • Tel. 0 21/4 21 11 33 • www.emily-s.com • Mo–Sa ab 10 Uhr • €€

MERIAN Tipp

LA COLOMBE ▸ Klappe hinten, südl. c 6
Einzig und allein dieses Restaurant am Kap gewinnt Jahr um Jahr Preise. La Colombe hat das, was man in der südafrikanischen Gastronomie nur sehr selten findet: konstant hohe Qualität. ▸ S. 15

Toni's Restaurant ▸ Klappe hinten, c 6
Mediterrane Gastlichkeit • Einer der besten Orte, um die portugiesische Küche mit dem besonderen mosambikanischen Geschmack zu probieren. Gut: das Peri-Peri-Hühnchen und die Garnelen.
88 Kloof St. • Tel. 0 21/4 23 76 17 • www.tonis.co.za • €€

Col'Cacchio ▸ Klappe hinten, e 4
Beliebt • Eine super Pizzeria, in der man ausgefallene Pizzen, beispielsweise mit Kaviar oder Lachs belegt, sowie Salate bekommt.
The Spreadhead, 42 Hans Strijdom Ave., Foreshore • Tel. 0 21/4 19 48 48 • www.colcacchio.co.za • tgl. 19–24 Uhr • €

EINKAUFEN

Eine reiche Auswahl an Geschäften, Boutiquen, Restaurants und Kinos findet man in den großen **Shopping Malls**. Die größten sind: **Cavendish Square** und **The Link** (Claremont), **Century City**, **Waterfront** (mehrere Einkaufskomplexe im Hafen).
Wer an afrikanischer Kunst interessiert ist, sollte sich in jedem Fall das Faltblatt »Arts and Crafts, Western Cape« besorgen. 54 Spezialgeschäfte werden darin aufgeführt. Drei verbürgte Fundgruben seien hier erwähnt:

African Image ▸ Klappe hinten, e 5
Hier gibt es preiswerte Körbe, Tontöpfe und Textilien aus mehreren Ländern des Kontinents.
52 Burg St. • www.african-image. co.za • Mo–Fr 8.30–17, Sa 8.30–13.30 Uhr

🌿 Mielie im Montebello-Shop
▸ Klappe hinten, südöstl. f 6
Was sich die Kapstädter Designerin Adri Schutz vor fast zehn Jahren als eine Mischung aus sozialem Engagement und dem Recycling von Baumwollresten von Textilfabriken ausgedacht hatte, ist zur landesweit bekannten Marke Mielie mit immer neuen, typisch afrikanischen Entwürfen geworden, die mittlerweile 50 Familien gut ernährt. Apropos ernähren: Als »Mielie« bezeichnen Südafrikaner übrigens Maiskolben, das wichtigste Grundnahrungsmittel des Landes.
Inzwischen findet man die bunten Handtaschen, Kissen und Teppiche von Mielie sogar in Nordamerika, Europa und Australien. Alle Produkte werden von Frauen mit der Hand geflochten, der einzige Mann

im Unternehmen fertigt die Lederteile. Wer nach Kapstadt kommt, sollte unbedingt den Laden in der Newlands Ave. aufsuchen und ein paar Souvenirs mit nach Hause nehmen. Sie sind sowohl authentisch als auch originell.

Kapstadt, 31 Newlands Ave. • Tel. 0 21/6 85 64 45 • www.montebello.co.za

🍃 Watershed ▸ Klappe hinten, d/e 2
In der im Winter 2014 neu eröffneten Einkaufshalle in der Victoria & Alfred Waterfront gibt es mehr als 150 Stände von lokalen Anbietern mit afrikanischem Kunsthandwerk, Kleidung und Accessoires. Einige davon unterstützen soziale Projekte in den Townships.

Dock Rd. • www.waterfront.co.za/shop/markets • tgl. 10–19 Uhr

MÄRKTE
Green Market Square
▸ Klappe hinten, e 5
Stadtmitte • Mo–Sa 8–16 Uhr

Hout Bay ▸ Klappe hinten, südwestl. a 4
Vor dem Hout Bay Hotel • 1. und letzter So im Monat

Waterfront Art and Craft Market
▸ Klappe hinten, e 2
Am Hafen • Sa, So und feiertags, im Dez. tgl.

AM ABEND
Alles an einem Ort findet man nur an der V & A Waterfront: Bars, Kneipen, Restaurants mit Jazzbands, Kinos, Gaukler – sogar ein Riesenrad gibt es hier. In den szenigen Bars der Long Street kann man das relaxte, multikulturelle Leben Kapstadts mit einem Hauch von Flowerpower-Atmosphäre genießen. In der Kennedy's Restaurant and Cigar Lounge lässt man den Abend sanft beginnen. Gleich um die Ecke in der Queen Victoria Street befindet sich das Rhodes House, der Edelclub der Stadt: Südafrikaner, Touristen und Models tanzen auf zwei Etagen und im Innenhof. Die Long Street setzt sich in der Kloof Street fort, wo immer wieder neue Clubs entstehen. Der kleine Bezirk »De Waterkant« in Green Point ist längst auch das Zentrum der Kapstädter »Gay-Community« geworden. In Camps Bay vermischt sich die Partyatmosphäre mit der frischen Brise des Atlantiks. Hier bieten zahlreiche gute Restaurants und Bars exzellente Aussichtsplätze für den klassischen Sundowner und das Dinner danach. Kulturinteressierte sollten auf aktuelle Theater- und Opernaufführungen im Baxter und Artscape achten.

Bascule ▸ Klappe hinten, e 2
Die im exklusiven Cape Grace Hotel untergebrachte Bar ist mit ihrer hervorragenden Lage am Jachthafen tagsüber ein wunderbarer Ort für einen Snack oder einen Kaffee, abends kann man hier den Tag stilvoll ausklingen lassen. Die Spezialitäten des Hauses sind Whiskeys, die Auswahl ist mit mehr als 500 Sorten kaum zu übertreffen.

Cape Grace Hotel, West Quay Rd. • Tel. 0 21/4 10 71 00 • www.bascule bar.com

Dunes Beach Bar and Restaurant
▸ Klappe hinten, südwestl. a 4
Kapstadt hat viele Lokale und zahlreiche Strände, aber nur das Dunes verbindet beides: Direkt am Sandstrand von Hout Bay gelegen, kann

man hier abends unter freiem Himmel auf der Terrasse sitzen und den wunderbaren Blick auf das Meer, den kleinen Hafen und die Berge genießen. Am besten ist ein Drink bei Sonnenuntergang, denn das Essen ist nur mittelmäßig.

Hout Bay, 1 Beach Rd. • Tel. 0 21/7 90 18 76 • www.dunesrestaurant.co.za

Kennedy's Restaurant and Cigar Lounge ▸ Klappe hinten, e 4

Elegante Cocktailbar für den Jetset. Bei sanfter Klaviermusik oder auch heißem Jazz schmaucht man/frau nach dem Essen genüsslich eine Havanna-Zigarre!

251 Long St. • Tel. 0 21/4 24 12 12 • www.kennedys.co.za • Mo–Sa 12–3 Uhr

The Shack ▸ Klappe hinten, e 6

Der District Six war lange ein Schandfleck Kapstadts: Die dunkelhäutigen Bewohner des Bezirks wurden ab 1966 zwangsweise umgesiedelt. Das Gebiet lag größtenteils brach. The Shack trägt zu einer Erneuerung bei: eine Bar, ein mexikanisches Restaurant, das Internetcafé Blue Lizard und die große Jazzhalle The Jam, wo man stimmungsvoll unterhalten wird – bis früh morgens.

45 De Villiers/Ecke Roeland St., District Six • bis 4 Uhr

KINO
Cavendish St., Claremont Labia
▸ Klappe hinten, c 6

Das älteste Kino Südafrikas hat sich seinen nostalgischen Charme über die Jahre bewahren können. Auf zwei Leinwänden werden Mainstream, aber auch interessante Produktionen mit künstlerischem Anspruch gezeigt.

68 Orange St. und Kloof St., Gardens • Tel. 0 21/4 24 59 27 • www.labia.co.za

THEATER

Eintrittskarten bucht man über Computicket (▸ S. 120).

Buchung mit Kreditkarte: Tel. 0 21/4 30 80 00, aktuelle Informationen: Tel. 0 21/4 30 80 10

Artscape ▸ Klappe hinten, f 4

Klassisches Theater, Opern und Konzerte auf drei Bühnen.

DF Malan St., Foreshore • www.artspace.co.za

Baxter Theater
▸ Klappe hinten, südöstl. f 6

Moderne Stücke, Konzerte und Komödien auf drei Bühnen.

Main Rd., Rondebosch • www.baxter.co.za

SERVICE
AUSKUNFT
Cape Town Tourism
▸ Klappe hinten, e 5

Ecke Burg und Castle St. • Tel. 0 21/4 87 6 8 00 • www.capetown.travel • Mo–Fr 8–18, Sa 8.30–13, So 9–13 Uhr

TOUREN
Andulela Experience

Tel. 0 21/4 18 30 20 • www.andulela.com

Ziele in der Umgebung
◎ Kaphalbinsel 🏃🚶 📖 C 8

Allein die Fahrt zur Kapspitze ist unerlässlich: Über Sea Point, Camps Bay und Llandudno kommt man, immer am Atlantik entlang, zur **Hout Bay**. Am Hafen kann man frischen Fisch erwerben oder einen

Bootsausflug zur kleinen Felseninsel **Duiker Island** buchen, die im Sommer von bis zu 5000 Robben bevölkert wird. Vorzügliche Restaurants und interessante Geschäfte haben sich in Hout Bay angesiedelt, wobei das Wharfside Grill Restaurant (Mariner's Wharf, Tel. 0 21/7 90 11 00, www.marinerswharf.co.za, tgl. 9–22 Uhr, €€) besondere Erwähnung verdient: ein Fischrestaurant direkt am Hafen gelegen, in dem die Fischerboote anlegen. Wer es »bodenständiger« mag, sollte die »fish and chips« von Fish on the Rocks (Harbour Rd., Tel. 0 21/7 90 00 01, www.fishontherocks.co.za, €) probieren. Man sitzt rustikal auf Holzbänken direkt am Hafen. Immer sonntags kann man über den Flohmarkt beim Hout Bay Manor schlendern und Souvenirs oder Handarbeiten lokaler Künstler erwerben.

Eine weitere Attraktion, vor allem für Kinder, ist die nahe gelegene **World of Birds** 👫 (▸ S. 39).

In Hout Bay beginnt der kostenpflichtige **Chapman's Peak Drive** (www.chapmanspeakdrive.co.za; ab 38 Rand pro Fahrzeug), der 1922 eröffnet wurde und als eine der schönsten Küstenstraßen der Welt gilt. Viele Filmaufnahmen und Werbespots werden auf der spektakulären Küstenstraße gedreht. Die Fahrt über den Chapman's Peak Drive ist ein Muss!

Vom Parkplatz aus kann man entweder den Berg hinauflaufen (10 Min.), oder man nimmt die Bahn. Dann noch 133 Stufen – und vor einem liegt das legendäre **Kap der Guten Hoffnung** ⭐ (www.capepoint.co.za). Nach dem Portugiesen Diaz 1488 Cabo des Tormentes (»Kap der Stürme«) benannt, sind hier Hunder-

Die Waterfront Mall (▸ S. 50) am Hafen von Kapstadt bietet an heißen Tagen eine gute Alternative zu Aktivitäten im Freien und die Gelegenheit, Souvenirs zu erstehen.

Hout Bay (▶ S. 52) bei Kapstadt ist malerisch von den Bergen The Sentinel und Karbonkelberg umrahmt. Am Strand genießen die Besucher gern das milde Klima.

te Schiffe gestrandet und gekentert. Im Restaurant unten am Parkplatz kann man gut essen und hat einen herrlichen Blick auf die False Bay.

Auf dem Rückweg, via Marinebasis **Simon's Town**, kommt man an Pavianen vorbei (bitte nicht füttern!) und kann nach einigen Kilometern rechts von der Straße zum **Boulders-Strand** mit riesigen Felsbrocken ab-

📷 FotoTipp

CHAPMAN'S PEAK DRIVE

9 km lang mit 114 Kurven und den tollsten Ausblicken: Da lacht das Herz des Fotografen und des passionierten Autofahrers. Der Chapman's Peak Drive – kurz »Chappies« – ist zwar mautpflichtig, aber unbedingt lohnenswert. Viele Haltebuchten bieten großartige Fotostopps.   ▶ S. 53

biegen. Dort findet man eine Pinguinkolonie – zum Verlieben (Tel. 0 21/7 86 23 29, Eintritt 45 Rand, Kinder 20 Rand)! Das eigentliche Revier der afrikanischen Pinguine (Brillenpinguine) sind die Inseln vor der südafrikanischen Westküste. Somit ist die Boulders-Pinguinkolonie eine der beiden einzigen Festlandkolonien weltweit. Über einen kurzen Holzpfad gelangt man bis zum Strand, wo mehr als 2000 der putzigen (aber lauten!) Tiere leben.

Simon's Town ist der wichtigste Stützpunkt der südafrikanischen Marine. Die Hauptstraße des Ortes ist von historischen, über 150 Jahre alten Gebäuden gesäumt, in denen sich nette Cafés und Geschäfte mit allerlei afrikanischem Kunsthandwerk angesiedelt haben. Interessante Dokumentationen zur Seefahrtsgeschichte des Landes findet man im **South African Naval Museum**

(West Dockyard, Court Rd., www.simonstown.com/navalmuseum, tgl. 9.30–16 Uhr).

Weiter auf der M4 Richtung Kapstadt gelangt man nach **Fish Hoek**. Abgesehen vom familienfreundlichen Strand ist es ein eher ruhiger Ort, was vielleicht mit dem obskuren Verkaufsverbot von Alkohol in den ansässigen Geschäften erklärt werden kann.

Kalk Bay hat dann aber wieder ein ganz lebendiges Flair. Antik- und Trödelgeschäfte laden zum Stöbern ein, und der Fischerhafen kann mit guten Restaurants aufwarten.

St. James ist bekannt für seine leuchtend bunten viktorianischen Umkleidekabinen, die ein beliebtes Fotomotiv darstellen.

In den an der **False Bay** gelegenen Ort **Muizenberg** zieht es die Anfänger unter den Wellenreitern, da sich die Bedingungen hier hervorragend zum Üben eignen. Von hier gelangt man wieder zur Stadtautobahn M3. Einen schönen Blick über das Constantia-Tal und den Sandstrand bietet der **Boyes Drive** ab Kalk Bay, der vor der M3 wieder auf die Main Road zurückführt.

70 km südl. von Kapstadt

◎ Westküste   🔖 B 7–C 8

Die Westküste stand bisher etwas im Schatten der bekannteren Garden Route. Mehr und mehr wird diese Gegend jedoch auch für den Tourismus entdeckt, und sie bietet inzwischen interessante Ausflugsziele wie **Darling**, **Langebaan**, **Blouberg-Strand** und **Lambert's Bay**. Wer lange Sandstrände und hügelige Dünenlandschaften mag, sollte unbedingt einen Abstecher an die Westküste unternehmen (▶ S. 104).

⭐ Winelands

◎ Franschhoek   🔖 C 8

Von Stellenbosch kommend, erreicht man Franschhoek über die R310. Entlang der Franschhoek-Weinroute kann man sich in 21 verschiedenen Weingütern von der hervorragenden Qualität des dort angebauten Weins überzeugen. Acht der 100 besten Restaurants des Landes sind ebenfalls in Franschhoek zu finden und vor allem beim Bastille Festival, welches alljährlich zum französischen Nationalfeiertag (14. Juli) gefeiert wird, werden die Gäste mit besonders innovativen Gerichten verwöhnt. Der kleine Ort 60 km östlich von Kapstadt ist wahrhaftig ein Stück »Frankreich in Afrika«. In dem malerischen Städtchen lässt es sich herrlich bummeln und in den Antiquitäten- und Kunsthandlungen einkaufen. Jeden Samstag findet der Franschhoek **Village Market** (Huguenot Street 29, 9–14 Uhr) statt. Hier werden Bio- und Deli-Produkte sowie Handarbeiten und kleinere Kunstwerke dargeboten. Den Geschichtsinteressierten sei das Hugenotten-Denkmal, das 1988 zum 250. Jahrestag der Ankunft der Franzosen eingeweiht wurde, und das **Huguenot Memorial Museum** (Lamprecht Street, Mo–Sa 9–17, So 14–17 Uhr, 10 Rand, Kinder 5 Rand) empfohlen. Hier wird die Geschichte der ersten Siedler und Hugenotten gezeigt.

60 km östl. von Kapstadt

ESSEN UND TRINKEN

🌿 Haute Cabrière

Gepflegt speisen • Empfehlenswertes Restaurant und Terrasse mit Blick über das Tal. Es werden Gerichte aus regionalen, saisonalen Produkten und dazu passende Weine gereicht.

Lambrechts Rd. • Tel. 0 21/8 76 36 88 • www.cabriere.co.za • Di–So 12–15, Okt.–April Di–Sa 19–21, Mai–Sept. Fr, Sa 19–21 Uhr • €€€

Le Quartier Français

Hervorragende Weinkarte • Hier lässt es sich nicht nur angenehm wohnen, sondern außerdem sehr gut speisen. Im Bistro stehen beispielsweise Lammburger oder frischer Fisch auf der Karte, und im elegant eingerichteten Tasting Room ein sagenhaftes Vier-, Sechs- oder sogar Acht-Gänge-Gourmetmenü.
16 Huguenot Rd. • Tel. 0 21/8 76 21 51 • www.lqf.co.za • Bistro: tgl. 12–22 Uhr, Tasting Room: Di–Sa 19–21 Uhr • €€€

◉ Paarl   C 8

Paarl liegt ca. 50 km von Kapstadt entfernt und ist eine der ältesten europäischen Siedlungen am Kap. Der fruchtbare Boden und das mediterrane Klima waren Garanten für eine erfolgreiche Bewirtschaftung, und so wurden Obst- und Gemüseplantagen angelegt. Heute ist der Ort Paarl für seinen Weinanbau bekannt und bringt viele Spitzenweine hervor. Herrschaftliche Häuser in kapholländischer Architektur zeugen vom Reichtum.
Die international bekannten KWV Genossenschaftskellereien gehören mit ihren 22 ha Grundfläche zu den größten weltweit. Dennoch werden die Spitzenweine genauso individuell hergestellt wie in einem kleinen Weinkeller. Weitere erwähnenswerte Weingüter sind Simonsvlei, Rhebokskloof und Fairview, Letzteres ist auch für den selbst hergestellten Käse bekannt.
55 km nordöstl. von Kapstadt

ÜBERNACHTEN

Grande Roche

Erstklassig • Von Weinbergen umgeben, genießt dieses edle Landhotel gerade bei deutschen Stammgästen den Ruf, perfekten, lautlosen Service zu bieten. Wenn der Koch in Form ist, gehört das **Bosman's** Restaurant zu den besten Speiselokalen Südafrikas. Geheiztes Schwimmbad, Fitnesscenter/Sauna, Tennisplätze.
Plantasie St. • Tel. 0 21/8 63 51 00 • www.granderoche.com • 34 Zimmer • ♿ • €€€€

◉ Stellenbosch   C 8

Am 8. November des Jahres 1679 schlug Gouverneur Simon van der Stel bei seiner ersten Inspektionsreise durch die junge Kolonie an einem Fluss sein Lager auf. Die Gegend war so berauschend schön, dass er spontan beschloss, hier eine Siedlung zu gründen und sie nach sich selbst zu benennen: So entstand Stellenbosch, Südafrikas zweitälteste Stadt. Seit 134 Jahren Universitätsstadt, wird der Ort vor allem von seiner typischen Kaparchitektur aus der Zeit zwischen 1775 und 1820 gekennzeichnet. Fast 100 Gebäude stehen unter Denkmalschutz, die schönsten rings um die Grünfläche im Zentrum, dem sogenannten Braak. Das Village Museum zeigt den Wohnstil aus der alten Zeit (www.stelmus.co.za, Mo–Sa 9–17, So 10–13 Uhr). Eichen und Bougainvillea-Hecken prägen die Stadt, Landwirtschaft und natürlich der traditionelle Weinanbau das Umland. 50 km entfernt von Kapstadt ist das Klima hier bereits um einiges wärmer, da die Hügelketten den direkten Einfluss des Atlantiks mildern. Gleichzeitig weht nahezu ständig eine Brise von der False Bay herüber, die Hitzespitzen wie in Franschhoek oder Paarl verhindert. Erfolgreich werden hier deshalb sowohl weiße Weinsorten wie Chardonnay und Chenin Blanc als auch die roten Merlot, Cabernet Sauvignon und **Pinotage** (▸ MERIAN Tipp, S. 17) kultiviert.

50 km östl. von Kapstadt

ÜBERNACHTEN

Die beiden schönsten und elegantesten Hotels der Gegend sind das **Oude Werf** (Tel. 0 21/8 87 46 08, www.oudewerfhotel.co.za) und das **Lanzerac** (Tel. 0 21/8 87 11 32, www.lanzerac.co.za). Zudem gibt es inzwischen auch viele Gästehäuser, in denen man übernachten kann.

ESSEN UND TRINKEN

Gut essen direkt in Stellenbosch kann man bei der **Volkskombuis** (Tel. 0 21/8 87 21 21) und bei **Le Pommier and Banhoek** (Tel. 0 21/8 85 12 69, www.lepommier.co.za).

SERVICE

AUSKUNFT

Stellenbosch Tourism Information Bureau

36 Market St. • Tel. 0 21/8 83 35 84 • www.stellenbosch.travel

Whale Coast

◎ **Hermanus** C 8

20 000 Einwohner

110 km südöstlich von Kapstadt (Stadtautobahn N2 Richtung Somerset West) liegt dieser traditionelle Küstenort in der Walker Bay, wo sich viele »Promis« (»old money«) seit jeher in ihren Strand- und Wochenendhäusern erholen. In den Sommermonaten und zum Walfestival

Ende September herrscht Hochbetrieb. Von Dezember bis März ist das Wasser etwa 22 °C warm; in der Lagune tummeln sich dann Windsurfer und Wasserskifans. In der Walsaison können in Hermanus die beeindruckenden Southern Right Whales vom Festland aus beobachtet werden. Ende Juli kommen die Wale aus der Antarktis zurück und bleiben bis Anfang Dezember in den wärmeren Gewässern der südafrikanischen Küste, um sich dort zu paaren, zu kalben und ihre Jungen großzuziehen.

Neben zahlreichen Plätzen zur Walbeobachtung hat Hermanus kilometerlange Sandstrände, den 12 km langen Cliff Walk mit vielen schönen Aussichtspunkten und einen netten Ortskern mit Markt, Galerien und dem alten Hafenmuseum zu bieten. Ein Tipp: Nehmen Sie von Kapstadt kommend den kleinen Umweg ab Gordon's Bay über die R44 in Kauf. Rechts geht es steil zur False Bay hinab, links ragen die Hottentots Holland Mountains in den Himmel.

110 km südöstl. von Kapstadt

ÜBERNACHTEN

The Marine

Grandiose Aussicht • Haus in toller Lage. Wer ein Zimmer mit Buchtblick nimmt, kann von dort aus oft Wale sehen.

9 Marine Dr. • Tel. 0 28/3 13 10 00 • www.marine-hermanus.co.za • 55 Zimmer • €€€

ESSEN UND TRINKEN

Burgundy-Restaurant

Mit großer Terrasse • Leckere Fisch- und Fleischgerichte direkt am Meer.

Marine Dr. • Tel. 0 28/3 12 28 00 • www.burgundyrestaurant.co.za • €€€

Garden Route und Kleine Karoo

Die Garden Route und der Addo Elephant National Park gehören zu den Highlights einer Südafrikareise. Die Kleine Karoo begeistert durch ihren rauen Charme.

◄ Obgleich ihr Name historisch bedingt ist, entlang der Garden Route (▶ MERIAN TopTen, S. 59) blüht es bisweilen.

Gauteng und Umgebung

Nordkap und Umgebung

KwaZulu-Natal und Umgebung

Kapstadt und Umgebung

Garden Route und Kleine Karoo

⭐ Garden Route   ▮▮ C–F 8

Um einem Missverständnis vorzubeugen: Bei der Garden Route handelt es sich nicht um eine farbenschillernde Blumenstraße, an der sich links und rechts der Nationalstraße N2 eine einzigartige Blütenpracht darbietet. Die Strecke zwischen den Küstenorten Mossel Bay und Storms River erhielt einst den hübschen Namen, weil man sich hier – im Gegensatz zur Halbwüste Karoo – Gärten anlegen konnte.

Von Kapstadt fährt man zunächst nach Arniston, am schönsten entlang der Küstenstraße R44 (rechts ab in Somerset West). Über Gordon's Bay, Betty's Bay und Kleinmond geht es ein kurzes Stück landeinwärts, bis man auf die R43 stößt. An der Kreuzung rechts ab, Richtung Hermanus, mit seiner Lagune und seinen Stränden einer der beliebtesten Badeorte am Kap – und von August bis Oktober einer der besten Plätze auf der Welt, um vom Land aus Wale zu sehen. Über Stanford nach Bredasdorp und ab dort bis zum **Cape Agulhas**, dem südlichsten Punkt Afrikas. Übernachten kann man in dem 34 000 ha großen **De Hoop Nature Reserve**: Schönere Sanddünen findet man nirgendwo sonst in Südafrika. Ansonsten eben in dem hübschen Fischerdorf Arniston bzw. Waenhuiskrans.

Weiter geht es Richtung Knysna (sprich: Neisna), dazu muss man leider die N2 benutzen, eine Küstenstraße gibt es nicht für diesen Abschnitt. Über Mossel Bay, George und Wilderness geht es bis nach Knysna oder Plettenberg Bay. Eine Bucht ist schöner als die nächste, jeder Ort verleitet zum Aussteigen und Erkunden. Gehen Sie unbedingt im Wald von Knysna spazieren, und sehen Sie sich die Yellowwood-Bäume an! Im Hafen von Knysna kann man preiswert frische Austern essen. Am nächsten Tag bietet sich ein Besuch der Tsitsikamma Section des **Garden Route National Parks** mit **Nature's Valley**, ein traumhafter Sandstrand zum Wandern und Baden, und **Storms River Mouth** an.

Hinter der bildhübschen St. Francis Bay kommt schon Port Elizabeth, wo es gute Übernachtungsmöglichkeiten, aber sonst wenig Sehenswertes gibt. Es lohnt sich mehr, im **Addo Elephant National Park** einen Bungalow zu buchen. Hier sieht man garantiert die riesigen Tiere nah am Auto vorbeiziehen. Außerdem: Antilopen, Giraffen, Nashörner und Löwen. Auf dem Rückweg nach Kapstadt geht es über Oudtshoorn auf der pittoresken R62 in Richtung Barrydale und Montagu – diese Strecke ist enorm beliebt geworden und bietet viele gute Restaurants und Gästehäuser entlang der Straße. Über Worcester (R60) und Malmesbury fährt man mit der N7 zurück nach Kapstadt.

Swellendam 📖 D 8

14 000 Einwohner

Die drittälteste Stadt Südafrikas, am Fuß des Langebergs gelegen, ist keine Schönheit, aber eine geeigneter erster Stopp auf dem Weg zur Garden Route.

240 km östl. von Kapstadt

📷 FotoTipp

DAS WAHRZEICHEN ABLICHTEN

Wenn man sich auf der N7, von Malmesbury kommend, Kapstadt annähert, ergeben sich immer wieder gute Möglichkeiten, den berühmten Tafelberg mitsamt Stadt und Tafelbucht zu fotografieren. Spätestens im Ort Tableview klappt es!

SEHENSWERTES

Bontebok National Park

Der 3000 ha große Bontebok National Park liegt 6 km außerhalb von Swellendam. Die mehr als 200 Buntböcke kann man hier bei netten Wanderungen erspähen, ebenso gibt es Kap-Bergzebras und über 200 Vogelarten zu entdecken.

Tel. 0 28/5 14 27 35 • www.sanparks. org/parks/bontebok • Mai–Sept. tgl. 7–18, Okt.–April tgl. 7–19 Uhr • Eintritt 84 Rand, Kinder 62 Rand

ÜBERNACHTEN

Aan de Oever Guest House

Idylle pur • Das Guest House ist wunderschön am Koornlands River gelegen, mit Garten und Salzwasserpool. An kälteren Abenden verweilen die Gäste gemütlich in der Lounge mit offenem Kamin.

21 Faure St. • Tel. 0 28/5 14 10 66 • www.aandeoever.com • 7 Zimmer • €€

Mossel Bay 📖 E 8

86 000 Einwohner

Mossel Bay ist architektonisch durchaus interessant. In dem Städtchen findet man viele gut erhaltene Gebäude und mehrere ausgeschilderte historische Spazierwege. Die Stadt gilt als der Ort mit dem angenehmsten Klima Südafrikas. Herrliche Strände laden zu langen Spaziergängen und zum Baden ein. Hier landete der Portugiese Bartolomeu Diaz im Jahr 1488, nachdem er – ohne es zu ahnen – das Kap der Guten Hoffnung umsegelt hatte. Diaz war damit der erste Europäer, der südafrikanischen Boden betrat. Im **Maritime Museum** kann man einen Nachbau seines Segelschiffs besichtigen (www.diasmuseum.co.za, Mo–Fr 9–16.45, Sa, So 10–15.45 Uhr). Der »Post Office Tree«, der in Mossel Bay noch immer gern besichtigt wird, ist ein Baum, in dem die Seeleute früher Nachrichten für nachfolgende Schiffe hinterließen.

380 km östl. von Kapstadt

ÜBERNACHTEN

African Oceans

Hübsche Zimmer • Hier frühstücken Sie auf einer Terrasse direkt am Strand. Alle Suiten haben einen Balkon mit Blick auf das Meer oder die Outeniqua-Berge.

7 Bob Bouwer Crescent, Bayview • Tel. 0 44/6 95 18 46 • www.african oceans.co.za • 11 Zimmer • €€

Highview Lodge

Mit Panoramablick • Hoch am Berg gelegen, bietet das Vier-Sterne-Haus eine traumhafte Aussicht auf Meer und Hafen. Sie können sich im Gästehaus verwöhnen lassen oder in den Studios selbst verpflegen.

76 Rodger St. • Tel. 0 44/6 91 90 38 • www.highviewlodge.co.za • 3 Zimmer, 2 Suiten, 2 Studios • €€

Ecke York St./Market St. • Tel. 0 44/ 8 74 36 63 • Mo–Fr 12–15 und Mo–Sa 18–24 Uhr • €€

George   📖 E 8

213 000 Einwohner

Die Stadt wurde 1811 nach dem britischen König George III. benannt. Seitdem der historische Dampfzug Outeniqua Choo-Tjoe nicht mehr verkehrt, zieht es Besucher nur noch wegen des **Fancourt**, einer Golfanlage von Weltniveau, hierher.
420 km östl. von Kapstadt

ESSEN UND TRINKEN
Old Townhouse Restaurant
Bei Einheimischen beliebt • Das Restaurant, untergebracht in einem schönen alten Gebäude in der Stadtmitte, bietet eine umfangreiche Speisekarte und freundlichen Service. Die Steaks und Schnitzel sind exzellent, die Weinkarte gut.

Wilderness   📖 E 8

20 000 Einwohner

Dieser malerische Ort liegt zwischen den Outeniqua-Bergen und goldenen Stränden. Lohnenswert ist der Dolphin Point, ein Aussichtspunkt oberhalb der Stadt. Hier bieten sich herrliche Blicke auf die endlosen Sandstrände, Seen und Berge.
450 km östl. von Kapstadt

ÜBERNACHTEN
Bruni's B & B
Urgemütlich • Reetgedecktes Gästehaus mit Zugang zum 8 km langen Sandstrand. Die deutsche Gastgeberin serviert ein reichhaltiges Frühstück – mit Blick aufs Meer.
937, 8th Ave. • Tel. 0 44/8 77 05 51 • www.brunis.co.za • 4 Zimmer • €€

Das malerische Wilderness (▶ S. 61) bietet zahlreiche Unterkunftsmöglichkeiten in allen Kategorien und unschlagbar schöne Ausblicke.

Haus am Strand
Einladend • Gästehaus direkt an einem herrlichen Sandstrand. Gemütlich ausgestattet, netter Service.
83 Sands Rd. • Tel. 0 44/8 77 13 11 • www.hausamstrand.com • 7 Suiten und Bungalows • €€

Hilltop Country Lodge
Ruhig und abgeschieden • Die Lodge ist schön zwischen Victoria Bay und Wilderness in einem Naturschutzgebiet gelegen. Vom Swimmingpool hat man eine beeindruckende Aussicht.
Victoria Bay Heights • Tel. 0 44/8 89 01 42 • www.hilltopcountrylodge.co.za • 8 Zimmer • €€

Garden Route National Park   E 8

Im Jahr 2009 fusionierten Tsitsikamma National Park, Knysna National Lake Area und Wilderness National Park in den neuen Garden Route National Park. Das ist etwas verwirrend, weil die alten Schilder an der N2 noch existieren und sich auch im Übrigen bisher nicht viel verändert hat.

Tsitsikamma Section
Das Gebiet des ehemaligen Tsitsikamma National Park war das erste maritime Schutzgebiet in Südafrika. Mit seiner Felsenküste, den dicht bewachsenen Urwäldern und tiefen Schluchten ist es einer der 72 landschaftlichen Höhepunkte der Garden Route. Das Schutzgebiet teilt sich in die zwei Bereiche De Vasselot und Storms River Mouth. An der Mündung des Storms River beginnt der bekannte fünftägige Otter Trail. Für diese anspruchsvolle Wanderung sollte man körperlich absolut fit sein und in der Hochsaison bis zwölf Monate im Voraus buchen. Wer weniger schwierige Wanderungen bevorzugt, kann aus einem reichhaltigen Repertoire an kürzeren Strecken schöpfen. Eine ist der Kingfisher Hiking Trail am Touws River. Für ausgebildete Taucher gibt es Unterwasserpfade in das 5,5 km lange Meeresschutzgebiet des Parks.

Wilderness Section
Das 2500 ha große Naturschutzgebiet des ehemaligen Wilderness National Park umfasst Sumpflandschaften, Lagunen, Flüsse, Meer und einen 18 km langen Küstenstreifen. Es ist ein artenreiches Vogelrevier: Hier sind z. B. der farbenprächtige Knysna Lourie und viele Kingfisher-Arten beheimatet. Der Park kann auf Wanderwegen oder mit dem Kanu erkundet werden. Wer übernachten möchte, kann sich in eine der Rundhütten oder auf dem Campingplatz einmieten. Im Meer beobachtet man mit etwas Glück Delfine und von Juni bis November Glattwale.
www.sanparks.org/parks/garden_route • Eintritt Tsitsikamma Section 168 Rand, Kinder 84 Rand, Eintritt Wilderness Section 106 Rand, Kinder 53 Rand
450–670 km östl. von Kapstadt

Knysna   E 8
81 000 Einwohner
Mit seiner Lagune und den berühmten Steinfelsen, den Knysna Heads, bildet der Ort das Zentrum der Garden Route. Auf dem östlichen der beiden Heads wurde ein Aussichtspunkt errichtet, von dem sich ein eindrucksvoller Blick auf die Lagune, Leisure Island und Knysna selbst bietet. Mit seinem hübschen

historischen Ortskern, den Einkaufsmöglichkeiten, Kunstgalerien und dem immerhin in Ansätzen vorhandenen Nachtleben hebt sich Knysna eindeutig von den anderen Orten der Garden Route ab.

Südlich des Stadtzentrums liegt die Waterfront Knysnas mit dem Jachthafen. Die elegante, Ende der 1990er-Jahre erbaute zweistöckige Stahlkonstruktion mit Holzstegen ist eine »Miniversion« des Kapstädter Vorbilds. In der Lagune werden leckere, große Austern gezüchtet, die man in der Knysna Oyster Company probieren und kaufen kann (Thesen Island). Beim alljährlich im Juli stattfindenden Knysna Austern Festival kommen Tausende von Einheimischen und Touristen in die Stadt. Knysna liegt am größten Wald Südafrikas, der sich entlang der Küste bis zum Garden Route National Park erstreckt. Der 21 km lange Elephant Walk (von der N2 ab, R339 Richtung Damse Bos bis zum Schlagbaum) ist eine wunderschöne Wanderstrecke.
480 km östl. von Kapstadt

ÜBERNACHTEN
Portland Manor
Romantisch • Kleines Landhotel im viktorianischen Stil. Oberhalb von Knysna auf einer Obstfarm gelegen. Mit eigenem See, auf dem man angeln und Boot fahren kann. Man kann Flusspferde und vor allem Vögel beobachten.
Rheenendal Rd. (ab Autobahn N2) • Tel. 0 44/3 88 46 04 • www.portland manor. com • 19 Zimmer • €€

The Knysna Log Inn
Angenehm • Ganz aus Yellowwood-Baumstämmen errichtetes Hotel. Alle Zimmer mit Klimaanlage und Safe. Das eigene Restaurant serviert Steaks, Thai-Gerichte und Fisch. Volles Frühstück im Preis inbegriffen. Mit Schwimmbad.
16 Gray St. • Tel. 0 44/3 82 58 35 • www.kli.co.za • 57 Zimmer • €€

ESSEN UND TRINKEN
East Head Cafe
Sehr beliebt • Ob zu zweit oder mit Kindern – hier isst man sehr gute Hamburger, Steaks und Fisch. Einmalige Aussicht auf die berühmte Meerenge The Heads.
25 George Rex Dr., The Heads • Tel. 0 44/3 84 09 33 • tgl. 8–16 Uhr • €€

Restaurant 34° South
Exzellent • Restaurant plus Delikatessenladen, in dem man von 9 bis 22 Uhr Wein, Geschenke, Brot, Gemüse und frische Meeresfrüchte kaufen und verzehren kann.
Knysna Quays (Waterfront) • Tel. 0 44/3 82 73 31 • www.34south.biz • tgl. 9–21.30 Uhr • €€

SERVICE
AUSKUNFT
Tourism Knysna
40 Main St. • Tel. 0 44/3 82 55 10 • www.visitknysna.co.za • Mo–Fr 8–17, Sa 8.30–13 Uhr

Plettenberg Bay   E 8
20 000 Einwohner

Drei herrliche Strände, das flache, warme Wasser und eine gute touristische Infrastruktur machen Plettenberg Bay zu Südafrikas beliebtestem Badeort. Golfen, Reiten, Angeln, Tauchen, Segeln und Surfen haben den Ort zum Urlaubsmekka gemacht. Im Dezember und Januar steigt die Einwohnerzahl von 20 000 auf bis zu 50 000. Benannt wurde er nach dem holländischen Gouverneur Joachim van Plettenberg. Hier kann man ganzjährig Delfine und von Juli bis Oktober auch Wale beobachten. Ein wunderschöner, 9 km langer Wanderweg führt rund um die Robberg Peninsula.

510 km östl. von Kapstadt

ÜBERNACHTEN
Bosavern Guest House
Auf dem Kliff • Ein elegantes Gästehaus auf einem Kliff hoch über dem Meer gelegen. Alle Zimmer mit Blick auf das Naturreservat und den Indischen Ozean.

38 Cutty Sark Ave. • Tel. 0 44/5 33 13 12 • www.bosavern.co.za • 5 Zimmer • €€

Tarn Country House
Familienbetrieben • Gästehaus mit Blick auf die Tsitsikamma- und Outeniqua-Gebirgsketten. Mit Glück und Geduld kann man Wasserböcke am Wasserloch des Gartens beobachten.

The Crags • Tel. 0 44/5 34 88 06 • www.tarn.co.za • 9 Zimmer • €€

St. Francis Bay   F 8
ca. 3500 Einwohner

Auf dem Weg nach Port Elizabeth kommt man an einem kleinen Paradies vorbei. Das Gebiet zwischen Kromme River und Cape St. Francis wird in den Sommermonaten von Südafrikanern überschwemmt, die hier ihre Ferienhäuser haben. Der traumhafte Küstenabschnitt eignet sich hervorragend zum Surfen und Wandern. Die Stadt selbst ist von Kanälen durchzogen, und die Architektur hat mediterrane Züge. Der kleine Hafen ist Anlegeplatz der Chokka-Boote, die von hier zum Tintenfischfang auslaufen. Sehens-

wert ist auch der als Nationaldenkmal ausgewiesene Leuchtturm mit Muschelmuseum.

730 km östl. von Kapstadt

Port Elizabeth   F 8
650 000 Einwohner

In Südafrika »Pi-i« (P. E.) genannt, ist diese Hafenstadt und ihr Umland das Zentrum der Automobilindustrie (Mercedes, VW, Opel, Toyota). Der Stadtgründer Sir Rufane Donkin hat seiner Frau Elizabeth, die jung starb, 1820 auf einer Steinpyramide im Stadtpark (Donkin Reserve) ein ewiges romantisches Zeugnis geschaffen: »Ein vollkommenes menschliches Wesen, das der Stadt ihren Namen gab«.

Port Elizabeth hat herrliche Strände. Wer nicht nur auf der Durchreise ist, sollte außer dem Museumskomplex an dem Humewood Beach auch den Leuchtturm und den alten Stadtpark St. Georges besuchen.

770 km östl. von Kapstadt

SEHENSWERTES
Santa Cruz
Machen Sie einen Bootsausflug zu dieser Insel, wo Pinguine beobachtet werden können.

ÜBERNACHTEN
Marine Protea Hotel
Am Strand gelegen • Typisches Protea-Hotel, allerdings teilweise sehr geräumige Zimmer mit Seeblick.

Marine Dr. • Tel. 0 41/5 83 21 01 • www.proteahotels.co.za • 114 Zimmer • ♿ • €€€

The Beach Hotel
Geschmackvoll • Angenehmes Mittelklassehotel direkt am Strand. Super Blick aufs Meer und das Treiben

Der hübsche Ort Knysna (▶ S. 62) bildet den Mittelpunkt der Garden Route. Besucher erfreuen sich an seiner Lagune und dem historischen Ortskern.

am Strand von der Barveranda aus. Gutes Restaurant.
Marine Dr. • Tel. 0 41/5 02 30 50 • www.thebeachhotel.co.za • 58 Zimmer • ♿ • €€

ESSEN UND TRINKEN
Blue Waters Café
Schöner Ausblick • Das Restaurant bietet nicht nur hervorragende internationale Küche, sondern auch einen traumhaften Blick über Shark Rock Pier, Hobie Beach und den weiten Indischen Ozean.
Marine Dr. • Tel. 0 41/5 83 41 10 • www.bluewaterscafe.com • tgl. 7.30–22 Uhr • €€€

Fushin Sushi and Eastern Cuisine
Mehr als Sushi • Hier gibt es alles, was aus dem Wasser kommt, zubereitet mit orientalischem Touch. Sehr guter Service und nette Außenplätze.

15 Stanley St. • Tel. 0 41/8 11 78 74 • www.fushin.co.za • tgl. 12–22 Uhr • €€€

SERVICE
AUSKUNFT
Bay Tourism
(Nelson Mandela Bay)
Donkin Reserve, Leuchtturm • Tel. 0 41/5 85 88 84 • www.nmbt.co.za • Mo–Fr 8–16.30, Sa, So 9.30–15.30 Uhr

Tourism Port Elizabeth
40 Mitchell St. • Tel. 0 41/5 82 25 75 • www.nmbt.co.za • Mo–Fr 8–16.30, Sa, So 9.30–15.30 Uhr

Addo Elephant National Park
📖 F 7/8
75 km nördlich von Port Elizabeth gelegen, bietet der Addo Park eine sehr gute Alternative für jeden, der nicht in der Stadt übernachten will.

Die Dickhäuter im Addo Elephant National Park (▶ S. 65) dürfen sich freuen: Der Park wird seit 1990 ständig erweitert und soll in Zukunft bis zum Indischen Ozean reichen.

450 Elefanten, dazu Büffel, Spitzmaulnashörner und diverse Antilopen lohnen einen Besuch. Inzwischen ist der Park mit 420 000 ha fast viermal so groß wie früher. Bis hinunter zum Indischen Ozean soll der »Addo« in Zukunft reichen und als einziger Naturpark die »Big Six« anbieten: Löwen, Leoparden, Elefanten, Büffel, Flusspferde – und Wale! Manche sprechen sogar von der »Big-Seven-Erfahrung«, da auch der Weiße Hai in den Gewässern des Indischen Ozeans zu Hause ist. Ein weiterer Trumpf: Die gesamte Region ist seit Jahrzehnten malariafrei. Tel. 042/2330556 • www.sanparks. org/parks/addo • tgl. 7–19 Uhr • Eintritt 216 Rand, Kinder 108 Rand 840 km östl. von Kapstadt

⭐ MERIAN Tipp

SANBONA WILDLIFE RESERVE   📖 D 8

Dieses 54 000 ha große Areal bei Montagu ist eines der Top-Ausflugsziele für Kapstadt-Urlauber. Nachdem 2003 zwei Rudel Löwen ausgesetzt wurden, sind nun die »Big Five« in der Kleinen Karoo zu sehen.   ▶ S. 16

Kleine Karoo   📖 D 8

Die Halbwüste im Landesinneren östlich von Kapstadt ist für viele eine Zwischenstation auf dem Weg zur Garden Route oder nach Kapstadt. Ihr rauer Charme, eindrucksvolle Passstraßen und einsame Wandergebiete lohnen, entdeckt zu werden.

Inverdoorn Wildlife Reserve
📖 C 7

Ideal für jeden, der zwei Stunden von Kapstadt entfernt eine afrikanische Safari erleben will. Auf Inverdoorn sieht man auf 3000 ha immerhin Breitmaulnashörner, Büffel, Giraffen, Zebras, Antilopen – und zahme Geparden. Wer über Nacht bleiben möchte, kann in einem der schönen Chalets logieren.

R 356 • Tel. 0 21/4 34 46 39 • www.inverdoorn.com • Tagestour tgl. 10, 17 Uhr • ab 1375 Rand

150 km nordöstl. von Kapstadt

Oudtshoorn 👫 ⬛ E8

82 000 Einwohner

Oudtshoorn ist die größte Stadt der Kleinen Karoo. Die frühere »Hauptstadt der Federn« ist für ihre alteingesessene Straußenzucht berühmt. Vier Straußenfarmen – die Highgate, die Safari, die Chandelier und die Cango Ostrich Farm – bieten täglich Touren an.

410 km östl. von Kapstadt

SEHENSWERTES

Cango Caves

Drei Höhlensysteme der Cango Caves sind bekannt, die größte und erst kürzlich entdeckte Höhle ist 1600 m lang. In »Cango One« werden zwei Touren angeboten: Ein einstündiger Gang durch die ersten sechs Kammern oder eine 90-minütige Adventure Tour auf 1,2 km Länge.

R62 • Tel. 0 44/2 72 74 10 • www.cango-caves.co.za • tgl. 9–16 Uhr • Standardtour: 80 Rand, Kinder 45 Rand, Adventure Tour: 100 Rand, Kinder 60 Rand

30 km nördl. von Oudtshoorn

Cango Ostrich Farm 👫
▶ Familientipp, S. 37

Cango Wildlife Ranch 👫

Auf der Cango Wildlife Ranch können Geparden und weiße bengalische Tiger nicht nur beobachtet, sondern auch gestreichelt werden, außerdem wird Käfigtauchen mit Krokodilen angeboten.

R62 Richtung Cango Caves • Tel. 0 44/2 72 55 93 • www.cango.co.za • tgl. 8.30–16.30 Uhr • Eintritt 160 Rand, Kinder 100 Rand, plus Gebühr für Aktivitäten

3 km nördl. von Oudtshoorn

Meerkat Magic Project

Etwas außerhalb von Oudtshoorn trifft man den »Meerkat Man« (Erdmännchen-Mann) Grant Mc Ilrath. Der Biologe erforscht die Erdmännchen, die er zu den »Shy Five« zählt. Grant kennt die schüchternen Tierchen so gut, dass sie – ohne Anfütterung! – bis auf wenige Meter nahe kommen. Vorab Führung buchen!

R62 Richtung Calitzdorp • Tel. 0 44/2 72 30 77 • www.meerkatmagic.com

ca. 2,5 km westl. von Oudtshoorn

ÜBERNACHTEN

De Oude Meul Country Lodge

Im Cango Valley • Eine Farm mit Springböcken und Straußen. Gutes Essen im Old Mill Restaurant.

R62 Richtung Cango Caves • Tel. 0 44/2 72 71 90 • www.deoudemeul.co.za • 35 Zimmer • €€

16 km nördl. von Oudtshoorn

De Zeekoe Guest Farm

Erholung pur • Das Farmhaus an den Ausläufern des Olifant-Flusses eignet sich hervorragend für entspannte Tage in unberührter Natur. Auch drei rustikal-luxuriöse Holzhäuser kann man mieten.

R328 Richtung Mossel Bay • Tel. 0 44/2 72 67 21 • www.dezeekoe.co.za • 19 Zimmer, 3 Cabins • €€€

7 km südl. von Oudtshoorn

Gauteng und Umgebung

Vom Reichtum der Erde wurde der »Ort des Goldes«, die reichste Provinz Südafrikas, geprägt. Die Schönheiten ihrer Natur offenbaren sich im Kruger National Park.

◄ Verschnaufpause im Burgers Park von Pretoria (► S. 74), z. B. nach einer Erkundungstour durch die Hauptstadt.

Das Städtedreieck zwischen der Hauptstadt **Pretoria**, der Goldmetropole **Johannesburg** und **Vereeniging** (Gauteng) ist die am dichtesten besiedelte, kleinste und zugleich reichste Provinz Südafrikas. Hier befindet sich das wichtigste Industriegebiet südlich von Europa: In und um Gauteng werden 40 % der Elektrizität des Kontinents verbraucht, hier rauchen die Schornsteine, hier wird seit über 100 Jahren tonnenweise Gold gefördert.

Der frühere **Transvaal**, heute die Provinzen Gauteng, Mpumalanga und Limpopo, besteht aus einem 1700 m hohen Plateau (Highveld), umgeben von Niederungen (Lowveld). Im Westen liegt **Sterkfontein**, die Wiege der Menschheit, im Osten ein Dutzend Wildreservate, allen voran der **Kruger Park** (Greater Limpopo Transfrontier Park) und die Panoramastraße, im Nordwesten finden Sie die Ferienparadiese **Sun City** und **Lost City**, wo sich die Spiel- und Vergnügungssüchtigen so richtig austoben können.

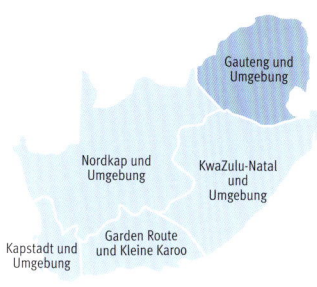

Gauteng und Umgebung

Nordkap und Umgebung

KwaZulu-Natal und Umgebung

Kapstadt und Umgebung

Garden Route und Kleine Karoo

6 Johannesburg  H 3

4,5 Mio. Einwohner
Stadtplan ► S. 71

Gold war die Hebamme von Johannesburg. Der Australier George Harrison fand im Jahr 1886 das begehrte gelbe Edelmetall und löste den längsten Goldrausch aller Zeiten aus. Binnen drei Jahren entstand eine Stadt, die der erste Landvermesser, Johan Rissik, ganz einfach nach sich selbst benannte; Schwarze nennen »Jo'burg« hingegen »Egoli« –

Stadt des Goldes. Denn der Reichtum ist bereits im Anflug sichtbar: Von oben erblickt man gelb leuchtende Goldhalden, Stadtautobahnen und schmucke Vororte mit Abertausenden von Schwimmbädern.

Warnung: Den Downtown-District sollte man abends meiden. Die Kriminalität ist weiterhin ein riesiges Problem. Im Stadtteil Hillbrow (»Little Kinshasa«), wo Drogenhandel und Prostitution florieren, gilt größte Vorsicht. Längst haben sich die besser gestellten Bevölkerungsschichten in die Northern Suburbs (Rosebank, Melrose und vor allem Sandton) abgesetzt. Kulturell hat Johannesburg dennoch viel zu bieten. Theater, Jazz und Nachtclubs, Kunstgalerien und Flohmärkte.

SEHENSWERTES

Carlton Centre »Top of Africa«

► S. 71, c 5

Aus 200 m Höhe übersieht man von der Aussichtsplattform des Carlton Centre, dem höchsten Wolkenkratzer Afrikas, die ganze Stadt.
150 Commissioner St. • Tel. 0 11/3 08 13 31 • Mo–Fr 9–18, Sa 9–17, So 9–14 Uhr • Eintritt 15 Rand, Kinder 10 Rand

Gold Reef City

► Familientipps, S. 37

South African Lipizzaners

▶ S. 75, b 3

Das Lipizzaner-Gestüt nördlich von Johannesburg wurde 1965 gegründet und ist heute die einzige anerkannte Spanische Reitschule auf der Welt außerhalb von Wien.
Kyalami, 1 Dahlia Rd. • Anfahrt: Stadtautobahn M1 (Ben Schoeman Highway) nach Pretoria, Abfahrt Alan Dale Rd., Landstraße R561 westlich bis zum Kyalami-Autorennkurs • www.lipizzaners.co.za • Vorführung So 10.30 Uhr • Eintritt 140 Rand, Kinder 70 Rand • Tickets bei Computicket (▶ S. 120), Tel. 0 11/7 02 21 03
35 km nördl. von Johannesburg

MUSEEN UND GALERIEN

Adler Museum of Medicine (Institute for Medical Research) ▶ S. 71, c 1
Hier werden 100 Jahre südafrikanische Medizin erläutert. Eine Zahnarztpraxis und eine Apotheke sind originalgetreu nachgestellt worden.
7 York Rd. • www.wits.ac.za • Mo–Fr 9–16 Uhr • Eintritt frei

Apartheid Museum ▶ S. 71, südl. b 6
Dieses etwas beklemmende Museum wurde Ende 2001 eröffnet. Der Alltag der Rassentrennung wird hier wieder lebendig. Das fängt schon am Eingang an, wo Besucher in »blankes« und »nie-blankes« separiert werden und Billets bekommen, die ihre rassische Zuordnung festhalten.
Northern Parkway/Gold Reef City • www.apartheidmuseum.org • tgl. 9–17 Uhr • Eintritt 70 Rand, Kinder 55 Rand

Museum Africa ▶ S. 71, a 4
Unter den vier Dauerausstellungen befindet sich die sehenswerte Johannesburg Transformations, die die Geschichte der Stadt von den Anfangszeiten des Goldrauschs bis zur Wahl von 1994 zeigt. Man wandert zwischen nachgebauten Hütten umher und lauscht ausgewählten Stücken von bekannten Musikern im Hintergrund.
121 Lilian Ngoyi St. • Di–So 9–17 Uhr • Eintritt frei

Johannesburg Art Gallery ▶ S. 71, c 4
Die Galerie birgt unter anderem alt- und neuzeitliche Exponate südafrikanischer Künstler.
Joubert Park • Klein St. • Tel. 0 11/7 25 31 30 • Di–So 10–17 Uhr

ÜBERNACHTEN

Four Seasons Hotel The Westcliff ▶ S. 71, nördl. b 1
Altbewährt • Die große alte Dame der Luxushotels in Johannesburg besticht mit der Aussicht auf den Tierpark: An der Bar kann man einen leckeren Cocktail schlürfen und dabei die Elefanten bei ihrer Fütterung beobachten. Auf der riesigen Hotelanlage findet man darüber hinaus drei Pools und ein Spa.
67 Jan Smuts Ave. • Tel. 0 11/4 81 60 00 • www.westcliff.co.za • 117 Zimmer • ♿ • €€€€

A Room With A View & A Hundred Angels ▶ S. 71, westl. a 2
Der Name ist Programm • Am Hang von Melville, hoch über der Stadt gelegen, genießt man von hier aus ein fantastisches Panorama. Alle Zimmer des Gästehauses sind individuell eingerichtet, manche mit Balkon oder offenem Kamin. Schöner Pool und gutes Frühstück.
1 Tolip St./Ecke 4th Ave. • Tel. 0 11/4 82 54 35 • www.aroomwithaview.co.za • 14 Zimmer • €€

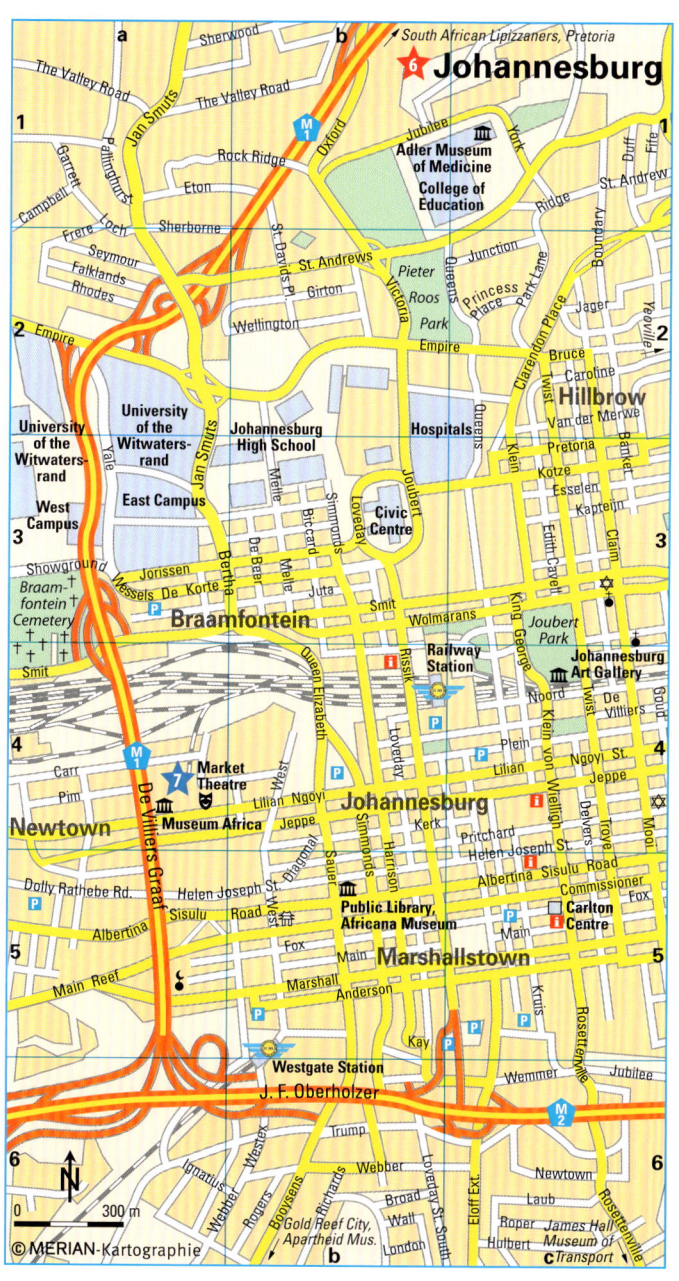

★ **Johannesburg**

Adler Museum of Medicine
College of Education

University of the Witwatersrand
University of the Witwatersrand East Campus
University of the Witwatersrand West Campus

Johannesburg High School
Hospitals
Hillbrow

Civic Centre

Showground
Braamfontein Cemetery
Braamfontein

Railway Station
Joubert Park
Johannesburg Art Gallery

Newtown
Market Theatre
Museum Africa

Johannesburg

Carlton Centre

Public Library, Africana Museum
Marshallstown

Westgate Station
J. F. Oberholzer

N
0   300 m

© MERIAN-Kartographie

Gold Reef City, Apartheid Mus.
James Hall Museum of Transport

De Kuilen Country House

▶ S. 71, nördl. b 1

Gute Lage • Hier wohnt man ganz im viktorianischen Stil in einer der reichsten Gegenden von Johannesburg. Die Zimmer sind luxuriös und romantisch eingerichtet. Frühstücken kann man am Pool im schönen, großen Garten.
30 Glenluce Dr. • Tel. 0 11/7 04 24 21 • www.dekuilen.co.za • 5 Cottages • €€

ESSEN UND TRINKEN

Cube Tasting Kitchen ▶ S. 71, nördl. b 1
Für Feinschmecker • Kreativ, innovativ, anders: Man isst 6 bis 14 Gänge und verweilt entsprechend lange. Das Mitbringen von eigenem Wein ist erlaubt. Nur 30 Plätze, unbedingt reservieren.
17 4th Avenue, Park Town North • Tel. 0 82/4 22 81 58 • www.cubekitchen. co.za • Di–Sa ab 19 Uhr • €€€€

Le Canard

▶ S. 71, nördl. b 1

Ausgezeichnet • Spitzenlokal, das nahezu jedes Jahr Preise einheimst. Die Lammmedaillons sind gut.
163 Rivonia Rd. • Tel. 0 11/8 84 45 97 • www.lecanard.co.za • Mo–Fr 12– 15.30, 19–22.30, Sa 19–22.30 Uhr • €€€

Moyo

▶ S. 71, nördl. b 1

Vielseitig • Marokkanisches Lamm, afrikanisches Fischcurry, nigerianische Suppe: Hier wird europäische Kochtechnik mit afrikanischen Zutaten originell verbunden. Gute Weine!
Shop 5, Melrose Arch • Tel. 0 11/6 84 14 77 • www.moyo.co.za • tgl. ab 11 Uhr • außerdem Moyo at Market Theatre und Moyo at Zoo Lake • €€€

Pronto

▶ S. 71, nördl. a 1

Italienisch tafeln • Mediterrane Gerichte wie Pasta und Pizza in entspannter Atmosphäre. Das kleine,

Der Besuch im Apartheid Museum (▶ S. 70) ist allen, die tiefere Einblicke in die Geschichte und das Wesen der Apartheid gewinnen wollen, ans Herz gelegt.

authentische Restaurant wird gerne von Einheimischen besucht.
Shop 18, The Colony Shopping Centre, 345 Jan Smuts Ave. • So–Mo 11–15, Di–Sa 11–22 Uhr • €€

EINKAUFEN

Flohmarkt   ▶ S. 71, a 4
Auf dem Parkplatz gegenüber dem Market Theatre findet Südafrikas größter Flohmarkt statt.
Zw. Jeppe und Lilian Ngoyi Sts. • Sa 9–16 Uhr

Muti Shop   ▶ S. 71, c 4/5
Haben Sie ein Zipperlein, das kein Arzt kurieren kann? Vielleicht gelingt es ja dem Medizinmann.
14 Diagonal St. • Mo–Fr 7.30–17, Sa 7.30–13 Uhr

Neighbourgoods Market   ▶ S. 71, b 3
Junge Designer sind hier ebenso vertreten wie Stände mit lokalen Leckereien. Macht Spaß und ist für Überraschungen gut.
73 Juta St. • www.neighbourgoods market.co.za • Sa 9–15 Uhr

Sandton City   ▶ S. 71, nördl. b 1
Von den vielen Einkaufszentren in Johannesburg (z. B. **Rosebank Mall**, **Hyde Park Corner**, **The Firs**) ist dieses das größte und beste.
Rivonia Rd. • Anfahrt: Stadtautobahn M1 etwa 15 km nach Norden

AM ABEND

Als größte Stadt südlich der Sahara kann Johannesburg mit dem wohl besten Unterhaltungsangebot und aufgewecktesten Nachtleben des Landes aufwarten. Durch den internationalen Austausch hat sich ein lebendiges und vielseitiges Angebot auf einem hohen Niveau entwickelt.

Bassline   ▶ S. 71, a 5
Fantastische Livemusik-Bar. Auf zwei Bühnen spielen einige der besten Musiker des African Jazz.
10 Henry Nxumalo St., Newtown • www.bassline.co.za

⭐ **MERIAN Tipp**

MARKET THEATRE   ▶ S. 71, a 4
Dieser Theaterkomplex in der kulturellen Metropole Johannesburg hat fünf Bühnen, auf denen oft das neueste und dynamischste Theater Südafrikas geboten wird.   ▶ S. 16

The Orbit   ▶ S. 71, b 3
Noch relativ neuer Jazzclub, aber schon sehr beliebt und erfolgreich.
81 De Korte St. • 0 11/3 39 66 45 • www.theorbit.co.za • Eintritt ab 50 Rand

SERVICE

AUSKUNFT
Gauteng Tourism
www.gauteng.net • tgl. 9–18 Uhr
– 124 Main St., Marshalltown • Tel. 0 11/0 85 25 00   ▶ S. 71, c 5
– Flughafen OR Tambo, Terminal A • Tel. 0 11/3 90 36 14   ▶ S. 75, b 3

Ziele in der Umgebung

◎ **Kruger Park (Greater Limpopo Transfrontier Park)** 🔟
▶ Touren und Ausflüge, S. 101

◎ **Lion Park** 👫
▶ Familientipps, S. 38

◎ **Randburg Waterfront**
     ▶ S. 75, b 3
Die Waterfront von Johannesburg liegt an einem künstlich aufgestauten See, etwa 30 km vom Central

Business District entfernt. Wie das Kapstädter Vorbild ist die Waterfront mit ihren Restaurants, Geschäften, Kinos und Theatern für das pure Freizeitvergnügen errichtet worden. Auf dem Kunsthandwerkermarkt finden Sie bestimmt ein Urlaubsandenken.

Randburg • Flohmarkt Di–Fr 10–17, Sa, So 10–18 Uhr

30 km nordwestl. von Johannesburg

◉ Soweto ▸ S. 75, b 3

Der Name Soweto (South Western Townships) wurde am 16. Juni 1976 weltweit bekannt, als schwarze Schüler gegen die Apartheid-Erziehung demonstrierten und Hunderte im Kugelhagel der Polizei starben. Ein Gedenkplatz für den 14-jährigen Jungen Hector Pieterson, dessen Bild um die Welt ging, und zahlreiche Zeitungsausschnitte in Containern der Townships erinnern noch heute an das Massaker.

Wer sein Bild von Südafrika abrunden möchte, sollte unbedingt an einer geführten Tour teilnehmen. Vor allem hier gilt: Bitte nicht auf eigene Faust losziehen! Soweto gilt zwar als die reichste Township Südafrikas, aber es hat auch die weltweit höchste Verbrechensrate im Hinblick auf Mord und Vergewaltigung zu verzeichnen, und die Armut ist noch immer erdrückend. Auf 150 qkm leben derzeit ungefähr 3 Mio. Menschen. Auf der Tour fährt man mitten durch das Leben in der Township: vorbei an Märkten mit zahlreichen Straßenhändlern, spielenden Kindern, »Straßenküchen«, an denen die Frauen traditionelle Gerichte und Gegrilltes anbieten, Geschäften und Friseurläden in Containern und vielen Menschen,

die, ihre Waren tragend, die Straßen entlangwandern.

In der Vilakazi Street lebten Nelson Mandela und Desmond Tutu und damit gleich zwei Nobelpreisträger. Sein früheres Haus, das er mit seiner ersten Frau Evelyn teilte, beherbergt heute ein Museum. Die größte Nähe zur Bevölkerung kann man bei einem Besuch einer Shebeen (einst illegale Township-Kneipe) erleben.

Zu den bekanntesten Tourenanbietern zählen Jimmy's Face to Face Tours (Tel. 0 11/3 31 61 09, www.face2face.co.za) und Imbizo Cultural Tours (Tel. 0 11/8 38 26 67, www.imbizo.co.za).

25 km südl. von Johannesburg

◉ Sterkfontein Cradle of Humankind ▸ S. 75, b 3

In diesen Kalksteinhöhlen wurde 1936 der Schädel von »Frau Ples« entdeckt, ein weiblicher Plesianthropus, der vor 1 Mio. Jahren hier lebte. Seitdem wurden Hunderte Hominiden-Fossilien geborgen: Sterkfontein gilt als Wiege der Menschheit und wurde von der UNESCO zum Welterbe erklärt. 1998 wurde der vielleicht bedeutendste Fund freigelegt: das erste komplett erhaltene Skelett eines mindestens 3 Mio. Jahre alten »Affenmenschen«.

R563 • www.cradleofhumankind. co.za, www.maropeng.co.za • tgl. 9–17 Uhr • Eintritt 195 Rand, Kinder 97 Rand

40 km westl. von Johannesburg

Pretoria 🕮 H 3

1 Mio. Einwohner

Stadtplan ▸ S. 79

Pretoria wurde benannt nach den Burenpionieren Andries und Wessel Pretorius. Der Regierungssitz ist besser als sein Ruf vergangener Tage, eine graue, langweilige Stadt zu sein. Zwischen den Häusern finden sich viele Parks und Seen, und im September/Oktober tauchen die Blüten von über 50 000 **Jacaranda-Bäumen** die Straßen in ein blasslila Licht. Pretoria zeigt internationales Flair, seitdem Südafrikas Isolation endete; in der Diplomatenstadt findet man heute ein Dutzend erstklassiger Hotels, Restaurants und Nightclubs. Rund 20 Jahre nach der Apartheid wird das Stadtbild jedoch noch immer von der Burengeschichte geprägt: Denkmäler, Friedhöfe und Gebäude erinnern an frühere Staatsoberhäupter und Helden des Widerstandskampfs gegen die Briten. Nur der schwarze Wolkenkratzer der Notenbank fällt aus dem Rahmen. Vor den Toren der Hauptstadt prunkt das Voortrekker-Monument, ein viereckiger, urgermanisch anmutender Granitbau, der an den großen Treck von 1835 erinnert. Schräg gegenüber liegt die University of South Africa (Unisa) mit 350 000 Studenten, eine der größten Fernuniversitäten der Welt.

SEHENSWERTES

Melrose House ▶ S. 79, b 2
Das Melrose House ist eines der schönsten und prachtvollsten Beispiele für die viktorianische Architektur des Landes. Hier wurde im Jahre 1902 der Friedensvertrag von Vereeniging unterzeichnet.
275 Jacob Maré St. (Jeff Masemola St.) • www.melrosehouse.co.za • Di–So 10–17 Uhr • Eintritt 8 Rand, Kinder 5 Rand

National Zoological Gardens 👫
▶ Familientipps, S. 38

© MERIAN-Kartographie

Union Buildings ▶ S. 79, c 1
Die imposanten Regierungsgebäude sind das Werk von Südafrikas berühmtestem Architekten, Sir Herbert Baker. Sie thronen auf dem Meintjieskop über einem Park.
Church St.

Voortrekker Monument
▶ S. 79, südl. a 3
Das 1949 eingeweihte Denkmal ist heute eines der wichtigsten Mahnmale der südafrikanischen Geschichte. Es liegt 6 km außerhalb der Stadt auf einem kleinen Hügel und soll an den Treck und die blutige Entscheidungsschlacht zwischen Buren und Zulus vom 16. Dezember 1838 erinnern. Ein weiteres Denkmal, das Blood River Monument, wurde direkt am Schlachtfeld, am Blood River in KwaZulu-Natal, aufgestellt. Ihren »Siegestag« ließen die Buren damals zum Nationalfeiertag erklären. Noch heute nutzen viele Südafrikaner den jetzigen »Day of Reconciliation« (Tag der Versöhnung), um zum Voortrekker Monument zu pilgern, aber heute viel mehr, um der traurigen Ereignisse zu gedenken. Das Monument hat einige architektonische Details, die Einzelheiten der Geschichte erzählen: Die Ringmauer symbolisiert 64 Ochsenwagen, am Aufgang beschützt eine Voortrekker-Frau ihre Kinder, und an den vier Ecken des Denkmals thronen die Köpfe der Treckführer.
Über die R101 der Ausschilderung folgen • www.vtm.org.za • tgl. 8–17 Uhr • Eintritt 60 Rand, Kinder 35 Rand

MUSEEN UND GALERIEN
Kruger House Museum ▶ S. 79, a 1
Das Haus, in dem Paul Kruger lebte, zeigt persönliche Andenken aus der Amtszeit des Burenpräsidenten (1883–1900) und Geschenke, die er teilweise auch aus dem deutschen Kaiserreich erhielt.
60 WF Nkomo St. • tgl. 9–16.30 Uhr • Eintritt 35 Rand, Kinder 15 Rand

Pretoria Art Museum ▶ S. 79, c 2
Ausstellungen von südafrikanischen Künstlern der alten und neuen Zeit.
Arcadia Park, Schoeman/Wessels St. • Di–So 10–17 Uhr • www.pretoria artmuseum.co.za • Eintritt 20 Rand, Kinder 5 Rand

SPAZIERGANG
Stadtplan ▶ S. 79
Die Innenstadt Pretorias ist architektonisch interessant und relativ sicher zu Fuß zu erkunden. Man beginnt auf dem geschichtsträchtigen **Church Square**, am Fuße der Statue von Paul Kruger, dem ersten Präsidenten der Buren, der 1883–1900 die erste Republik Südafrikas regierte. An der südwestlichen Ecke des Platzes steht der **Raadsaal** (Parlament), dessen Grundstein Kruger legte, und der **Justizpalast**. Hier wurde 1964 die lebenslange Haftstrafe gegen Nelson Mandela ausgesprochen. In der Vermeulen Street steht die **Groot Kerk**, deren Kirchturm zu den schönsten Südafrikas zählt. Im **Burgers Park** mit seinem schönen botanischen Garten kann man entspannen. Am südlichen Ausgang liegt das sehenswerte **Melrose House** in der Jacob Maré Street (Jeff Masemola Street), ein schönes Beispiel für viktorianische Architektur. 1902 wurde hier von Buren und Briten der Friedensvertrag von Vereeniging unterzeichnet, der den Burenkrieg beendete. Im Garten gibt es Kaffee und Kuchen.
Dauer: 2–3 Std.

Die Bronzefigur eines Milizionärs am Sockel des Kruger-Denkmals am Church Square (▶ S. 76) erinnert an die Burenkriege des 19. Jh.

ÜBERNACHTEN

Burgerspark Hotel ▶ S. 79, b 2

Mit Staatsgästen • In diesem Vier-Sterne-Hotel steigen oft auch afrikanische Regierungsgäste und Diplomaten ab. Das Restaurant **Garden Grill** ist ordentlich.
424 Lilian Ngoyi St. • Tel. 0 12/3 22 75 00 • www.burgerspark.co.za • 240 Zimmer • ♿ • €€€

Isiphiwo Guest House ▶ S. 75, c 2

Erholsam • Nach einer Sightseeing-tour in der Stadt können Sie hier in wunderschöner, ruhiger Buschlandschaft entspannen. Das Gästehaus ist hübsch eingerichtet, hat einen schönen Pool und bietet Abendessen unter dem Sternenhimmel.
Nähe Roodeplaat Dam, N1 nördlich bis Zambesi, rechts nach Derdepoort, 5. Straße rechts • Tel. 0 12/8 08 23 28 • www.isiphiwo.co.za • 20 Zimmer • €€

La Maison ▶ S. 79, östl. c 1

Gutes Preis-Leistungs-Verhältnis • Das schöne Gästehaus La Maison liegt im Botschaftsviertel. Es bietet geräumige Zimmer mit Balkonen und ein Schwimmbad. Ein großes Frühstück ist inbegriffen.
Hatfield, 235 Hilda St. • Tel. 0 12/4 30 43 41 • www.lamaison.co.za • 6 Zimmer • €

ESSEN UND TRINKEN

Pride of India ▶ S. 79, südl. c 3

Exotisches Ambiente • Nordindische Gerichte und ein hervorragender Service. Das Pride of India gehört zu den 100 besten Restaurants Südafrikas. Leckere Desserts und eine gute Weinauswahl.
Groenkloof, 43 Bronkhorst St., Groenkloof Plaza • Tel. 012/3 46 36 84 • www.prideofindiarestaurant.com • Mo–Sa 11–22.30, So 11–15.30 Uhr • €€€

Ritrovo Ristorante   ▶ S. 79, nördl. b 1
Top-Italiener • Vater und Sohn stellen Brot und Nudeln noch selbst her. Sehr gut sind die Rigatoni Salsicce oder das Filetto Ritrovo (für zwei Personen).
103 Club Ave., Waterkloof Ridge (N1, Exit Rigel Ave) • Tel. 0 12/4 60 43 67 • www.ritrovo.co.za • tgl. 12–23 Uhr, So nur Lunch • €€€

AM ABEND
In den Stadtteilen Hatfield und Brooklyn findet man Cafés, Restaurants, Bars, Clubs und Kneipen, die durch die nahe gelegene Universität studentischen Charakter haben. Die beiden Zeitungen »Pretoria News« und »Mail & Guardian« listen die aktuellen Veranstaltungen.

Boston Tea Party   ▶ S. 79, östl. c 2
Live-Entertainment-Restaurant mit Bands (oft werden Oldies gespielt) und Comedy. Am Wochenende legen ab 22 Uhr DJs auf.
Menlyn, Ecke Lois/Glen Manor Ave., Glen Galeries • Tel. 0 12/3 65 36 25 • tgl. 11 Uhr bis open end

Tings An' Times   ▶ S. 79, östl. c 2
Chill-out-Bar mit funky Livebands. Ein junges und jung gebliebenes Publikum fühlt sich hier wohl.
Hatfield • Hatfield Galleries, Burnett St. • Tel. 0 12/3 62 55 37 • Mo–So 12–1 Uhr

THEATER
State Theatre   ▶ S. 79, b 1/2
Die klassische Bühne der Stadt, auf der Theater, Oper, Tanz und Konzerte gezeigt werden. Schauen Sie im Veranstaltungskalender, ob gerade eine neue südafrikanische Produktion auf dem Programm steht!

301 Church St. • Tel. 0 12/3 92 40 00 • www.statetheatre.co.za • Tickets: Tel. 08 61/91 58 00, www.computicket.com

SERVICE
AUSKUNFT
Tshwane Tourism   ▶ S. 79, a 1/2
Old Nederlandsche Bank Building, Church Square • Tel. 0 12/3 58 14 30 • www.tshwanetourism.co.za

Ziele in der Umgebung
◎ Cullinan Mine   ▶ S. 75, c 2
Hier wurde einst der größte Diamant der Welt gefunden. Der Cullinan wog 3106 Karat. In Cullinan, über die R513. Reservierung erforderlich. Keine Kinder unter zwölf Jahren.
www.diamondtourscullinan.co.za
30 km östl. von Pretoria

◎ Magaliesberge/Hartbeespoort-Dam   ▶ S. 75, a/b 2
In den Magaliesbergen (etwa 1600 m hoch) nisten rund 500 Kapgeier; man kann sie häufig beobachten. Am Staudamm, in den Dörfern Schoemansville und Hartbeespoort, gibt es einen Schlangen- und Tierpark. Eine Seilbahn führt hinauf, wo man die Aussicht genießen und lange Wanderungen unternehmen kann. Auf dem Stausee lässt sich segeln, angeln und Wasserski fahren.
100 km südwestl. von Pretoria

◎ Sun City und Pilanesberg National Park 👫   ▶ S. 75, a 1
Zwei Autostunden nordwestlich von Pretoria stößt man in den Pilanesbergen auf das größte Vergnügungszentrum der Südhalbkugel: zwei Golfplätze und ein großer See, dazu ein Wasserparadies mit Rutschen, Wellenbad und Sandstrand sowie einem Regenwalddschungel mit

Seilbrücken. Hier befindet sich auch das sagenhafte Hotel **Palace of the Lost City**. Sportmöglichkeiten, Konzerte und Glücksspiel – das mag bei manchen auf Ablehnung stoßen, doch langweilig wird es nicht, schon gar nicht mit Kindern. Der Gast kann, je nach Budget, unter vier Hotels wählen: Cabanas (preiswert), Sun City Hotel, Cascades und Palace. Das Palace ist eine spektakuläre Mischung aus Luxor und afrikanischer Fantasie, mit Zinnen und Türmen, in denen nachts Feuer lodern. Gästen steht exklusiv ein 65 m langer Pool zur Verfügung (www.sun-city-south-africa.com, 334 Zimmer, 4 Suiten, €€€€). Abends hat man die Wahl zwischen vielen Restaurants, wobei das Peninsula im Cascades-Hotel

und das Villa de Palazzo im Palace-Hotel Spitzenqualität bieten.

Wer der Glitzerwelt müde wird, kann binnen fünf Minuten den landschaftlich sehr schönen **Pilanesberg National Park** (55 000 ha, 7000 Tiere) erreichen, wo u. a. Antilopen, Zebras, Giraffen und Nashörner leben. Er grenzt an Sun City, sodass sich ein Besuch fast zwangsläufig ergibt. (Man kann auch hier in Bungalows statt in Sun City übernachten!) Sehenswert sind auch die erloschenen Vulkane auf dem Gelände. Ein einmaliges Erlebnis ist eine stille Ballonfahrt über den Park (Tel. 0 14/55 51 60 00, www.pilanesbergnational park.org, tgl. 6–18.30 Uhr, Eintritt 65 Rand, Kinder 20 Rand).

120 km nordwestl. von Pretoria

© MERIAN-Kartographie

KwaZulu-Natal und Umgebung

Spektakuläre Safaris, interessante Bootstouren, beflügelndes Bergsteigen oder kolossales Korallentauchen: Wenn es um Abwechslung geht, ist die kleine Provinz ganz groß.

◄ Der iSimangaliso Wetland Park (► MERIAN TopTen, S. 86) ist für seine große Flusspferdpopulation bekannt.

Der Seefahrer Vasco da Gama gab der Provinz den Namen: Im Jahr 1497 tauchte der fromme Portugiese zu Weihnachten an dieser Küstengegend auf und nannte sie »Natal« – nach der Geburt Christi. In den folgenden Jahrhunderten konnte die Gegend ihrem frommen Namen nur selten genügen. Seitdem Shaka (1816–1828) mit eiserner Hand aus vielen Clans das Königreich der Zulu schmiedete, stand diese Ethnie unentwegt im Mittelpunkt des häufig blutigen Geschehens in Südafrika. Mit Jacob Zuma ist nun erstmals ein Zulu – noch dazu ein bekennender Traditionalist – Staatspräsident. Zuma hat maßgeblich dazu beigetragen, dass KwaZulu-Natal, kurz: KZN, heute friedlich ist.

Wenn Südafrika, wie der Werbeslogan verspricht, »die ganze Welt in einem Land« ist, dann ist KZN das Land in einer Provinz. Denn hier gibt es die Strände im **iSimangaliso Wetland Park** (UNESCO-Weltnaturerbe), Wildreservate wie **Hluhluwe-Imfolozi**, die grünen **Midlands** und die bis zu 3400 m hohen **Drakensberge**. Nur in KZN kann man auch im Juni/Juli, mitten im südlichen Winter, in Sodwana Bay im warmen Meer baden (24 °C) – und gleichzeitig in Underberg Schneefall erleben! Übrigens ist das die schönste Jahreszeit, um die Drakensberge zu erleben. Eine Nacht im **Royal Natal National Park**, vorzugsweise in dem reizvollen Tendele Camp, sei jedem empfohlen, der von hier aus weiter nach Bloemfontein oder Johannesburg fährt.

Durban

3,5 Mio. Einwohner
Stadtplan ► S. 83

Das Stadtbild wird von drei Bevölkerungsgruppen geprägt, die, jede für sich, ihren Anteil an der lokalen Geschichte haben: den Zulus, den Ureinwohnern, die immer die mit Abstand größte Gruppe waren, ferner den Nachkommen erst burischer und dann englischer Kolonialisten; und schließlich den Indern, die ab 1860 ins Land kamen, um im Zuckerrohranbau zu arbeiten (eine Arbeit, der sich die stolzen Zulus verweigerten). Ihr bekanntester Vertreter war Mahatma Gandhi, der sich hier 21 Jahre lang für die Rechte der indischen Einwanderer einsetzte und die Form des gewaltlosen Widerstands ersann.

Durbans Strandpromenade, die Golden Mile, wurde für die Fußball-WM 2010 renoviert und erstreckt sich nun vom neuen Fußballstadion bis zu uShaka Marine World. Hotels, Restaurants und Vergnügungsparks laden jetzt wieder zum Bummeln ein. Zudem wurde für Sicherheit gesorgt.

SEHENSWERTES

Botanischer Garten ► S. 83, westl. a 3
Diese schattige Grünanlage mit ca. 300 Baumarten liegt im beliebten Wohngebiet Berea. Sehenswert sind

vor allem die Palmfarne (Zykadeen), die Orchideen und die Jacaranda-Bäume. Im Sommer finden hier schöne Konzerte statt.
Berea, Edith Benson/St. Thomas
Rd. • tgl. 7.30–17.15 Uhr

Old Fort and Warriors Gate
▸ S. 83, b 2

Das britische Fort wurde 1842 belagert und ist heute ein Kriegsmuseum.
K. E. Masinga Rd./N.M.R. Ave. • Mo–Fr 8.30–17 Uhr

uShaka Sea World 👫
▸ Familientipps, S. 39

Victoria Street Market   ▸ S. 83, a 2
Besser bekannt als Indian Market, beherbergt dieser Markt 200 Stände mit exotischen Gewürzen, frischen Früchten, afrikanischem Schmuck und interessanten Kunstgegenständen. Handeln erlaubt!
Victoria St. • ganztägig geöffnet

MUSEEN UND GALERIEN
City Hall: Art Museum, Natural Science Museum   ▸ S. 83, b 3
Im zweiten Stock der City Hall (Rathaus) befindet sich eine der besten Kunstsammlungen Südafrikas; im ersten Stock ist der ausgestorbene Laufvogel Dodó ausgestellt.
City Hall, Anton Lembede St. • Mo–Sa 8.30–17, So 11–17 Uhr

KwaMuhle Museum   ▸ S. 83, a 2
Fotografien und andere Ausstellungsstücke erzählen spannend die Geschichte der Apartheid in der Stadt. Empfehlenswert für jeden, der sich für die jüngste Vergangenheit Südafrikas interessiert.
130 Bram Fischer Rd. • Mo–Sa 8.30–16 Uhr

SPAZIERGANG
Stadtplan ▸ S. 83
Zu Fuß oder in einer Rikscha: An der **Golden Mile** gibt es viel zu sehen. Fangen Sie in Höhe der Anton Lembede Street, am unteren Ende der O. R. Tambo Parade, an. Dann schlendern Sie zum **North Beach**, einem der großen Strände Durbans. Dahinter befindet sich **Mini Town**, wo alle bekannten Gebäude Durbans nachgebildet sind, und der **Snake Park**, in dem 80 Schlangen zu besichtigen sind. Der aktuelle Clou ist aber, durch die Unterführung links zum neuen **Moses-Mabhida-Stadion** zu gehen und mit der Schweizer Kettenbahn auf dem Bogen bis auf das Dach zu fahren (kostenpflichtig). Der Rundblick von dort oben ist grandios!
Dauer: ca. 1 Std.

ÜBERNACHTEN
Southern Sun Elangeni & Maharani   ▸ S. 83, c 1
Am North Beach • Mit Meeresblick von vielen Zimmern, gleich drei guten Restaurants (japanisch, indisch, kontinental) und zwei Schwimmbädern, sodass man sowohl morgens als auch nachmittags in der Sonne baden kann.
63 Snell Parade • Tel. 0 31/3 62 13 00 • www.tsogosunhotels.com • 450 Zimmer • ♿ • €€€

Essenwood House   ▸ S. 83, westl. a 3
Stilvoll • Ein kleines Fünf-Sterne-Gästehaus im »Edel-Viertel« Berea. Hier kann man im großen Garten mit Schwimmbad entspannen und ist dennoch nur wenige Autominuten vom Trubel des Zentrums entfernt. Zimmer mit Klimaanlage, Blumen und Obst.

Berea, 630 Stephen Dlamini Rd. (Essenwood Rd.) • Tel. 0 31/2 07 45 47 • www.essenwoodhouse.co.za • 7 Zimmer • €€

Sica's Guest House ▶ S. 83, westl. a 3
Charmant • 1886 als Farm erbaut, ist Sica's heute ein familienbetriebenes Vier-Sterne-Gästehaus mit Pool und Tennisplatz. Eine nette Alternative zu den großen Hotels der Beach Front.

Berea, 19 Owen Ave. • Tel. 0 31/2 61 27 68 • www.sica.co.za • 48 Zimmer • €€

ESSEN UND TRINKEN
Durban ist der Ort außerhalb Asiens, an dem der Besucher hervorragend und sehr authentisch die indische Küche genießen kann. Die größte Auswahl an indischen Restaurants und originellen Imbissen

gibt es im indischen Viertel in der Gray Street. Nehmen Sie nach Einbruch der Dunkelheit aber bitte ein Taxi! Als Hafenstadt bietet Durban herrlich frisch zubereitete Fische und Meeresfrüchte. Aber auch der Nachbar Mosambik hat seine Spuren in der Restaurantlandschaft der Stadt hinterlassen. Es gibt einige gute Lokale mit mosambikanisch-portugiesischer Küche, die das typische Peri-Peri-Chicken und leckere Calamares anbieten. Die besten Gegenden, um essen zu gehen, sind die Beachfront, das Zentrum und das beliebte Wohnviertel Berea.

Rainbow Terrace ▶ S. 83, b 2
Angenehme Atmosphäre • In diesem eleganten Restaurant im Hilton Hotel bekommt man den ganzen Tag lang hervorragendes Essen vorgesetzt. Wird oft als Treffpunkt benutzt. Hilton Hotel, 12–14 Walnut Rd. • Tel. 0 31/3 36 82 39 • tgl. 6–23 Uhr • €€€

9th Avenue Bistro ▶ S. 83, westl. a 2
Eines der Top-Lokale der Stadt • Carlie Lakin kocht stilvoll und einfallsreich. Die geröstete Ente mit Orangen-Zimt-Sauce ist sehr gut. Avonmore Centre, 9th Ave. • Tel. 0 31/3 12 91 34 • www.9thavenuebistro.co.za • Mo, Sa 18–22, Di–Fr 12–22 Uhr • €€

 MERIAN Tipp

TALA PRIVATE GAME RESERVE   J 5
Dieses private Naturreservat hat neben den hier lebenden Wildtieren auch ein exzellentes Restaurant und herrliche Aussichten über die Savanne zu bieten. ▶ S. 17

Roma Revolving Restaurant
▶ S. 83, b 3
Herrliche Aussicht • Italienisches »Drehrestaurant« an der Bucht. Vorzügliche Fischgerichte. John Ross House (32. Stock), Margaret Mncadi Ave. • Tel. 0 31/3 37 67 07 • www.roma.co.za • Mo–Sa 18–22, Fr, Sa 12–14.30 Uhr • €€

EINKAUFEN

African Art Center ▶ S. 83, nordwestl. a 1
Hier findet man noch original Zulu-Handwerk (Holzarbeiten, Ketten) und sogar antike Schmuckstücke. 94 Florida Rd. • www.afriart.org.za • Mo–Fr 8.30–17, Sa 9–15 Uhr

The BAT Centre ▶ S. 83, b 3
Im Bartle Arts Trust stellen junge Künstler aus KwaZulu-Natal ihre Arbeiten aus. Einheimische Kunstliebhaber schätzen die Galerie, das Zansi Bar Restaurant sowie den Intensive Care Coffee Shop. 45 Maritime Pl. • www.batcentre.co.za • tgl. geöffnet

AM ABEND

Am Ende der Mahatma Gandhi Road tut sich die Waterfront mit Restaurants, Pubs und Flohmärkten auf. Um den Yacht Club an der Margaret Mncadi Avenue ist immer etwas los. In Berea findet der Nachtschwärmer schicke Restaurants und Bars, in Morningside trifft sich die Szene.

Harbour Jazz Café ▶ S. 83, b 3
Einer der besten Orte, um lokale Jazzbands zu erleben. Ab und an stehen Maskanda-Musiker auf dem Programm. Toller Blick auf den Hafen. Small Craft Harbour, BAT Centre, 45 Marine Pl. • Tel. 0 31/3 68 26 23 • Do–So 11 Uhr bis open end

Durban (▶ S. 81) bietet abends nicht nur an der Golden Mile Unterhaltung – auch in Berea und Morningside gibt es gute Jazzlokale und Restaurants.

Jazzy Rainbow   ▶ S. 83, nördl. b 1

Schicke Cocktail-Bar im modernen African-Style mit urbaner Note. Ein Ort, an dem das neue Südafrika gelebt wird – Musikfreunde genießen die Top-DJs oder Livebands. Morningside, 93 Goble Rd. • Tel. 0 31/3 03 83 98 • tgl. ab 18 Uhr

Joe Cool's   ▶ S. 83, c 2

Restaurant und Action-Bar direkt am North Beach. Dienstags mit Tanz. 137 Lower Marine Parade • Tel. 0 31/3 68 26 23 • tgl. geöffnet

THEATER
Playhouse Company Complex
     ▶ S. 83, b 3

Theater, Oper und Konzerte auf fünf Bühnen. Aktuelle Vorstellungen stehen in der Tageszeitung »Mercury«. Playhouse Company Complex, 29 Anton Lembede • Tel. 0 31/3 69 95 55 • www.playhousecompany.com

SERVICE
AUSKUNFT
Tourist Junction   ▶ S. 83, b 2–3

160 Monthy Naicker St., Old Station Building, 2. Stock • Tel. 0 31/3 04 71 44 (Durban), 0 31/3 66 75 00 (KZN) • www.kzn.org.za

Ziele in der Umgebung
◎ Hluhluwe-Imfolozi Game Reserve ⭐   ▦ J/K 4

Im ältesten Wildpark ganz Afrikas leben weltweit die meisten Nashörner: fast 2000 Tiere auf nur 960 qkm. Aber auch Löwen, Büffel, Giraffen und die seltene Nyala-Antilope sieht man hier viel eher als etwa im Kruger National Park. Das ausgezeichnete Hilltop Camp bietet Luxus-Chalets und ein Restaurant. Frühwanderungen, Nacht- und Bootsfahrten stehen auf dem Programm. Das Wasserloch Bekapanzi eignet sich traumhaft für die Wildbeobachtung.

Der iSimangaliso Wetland Park (▶ MERIAN TopTen, S. 86) ist sehr vielseitig. Während man im Feuchtgebiet Kanu fährt, besteht der Westen aus trockener Dornensavanne.

www.kznwildlife.com • Eintritt 145 Rand, Kinder 75 Rand
280 km nördl. von Durban

◎ iSimangaliso Wetland Park **8**   K 4

Dieses Feuchtgebiet umfasst 280 km Strand und Sanddünen, von St. Lucia bis fast an die mosambikanische Grenze. Die Artenvielfalt in diesem Weltnaturerbe ist atemberaubend: Im Meer findet man Wale, Delfine, Haie und riesige Wasserschildkröten. In und an den Seen leben Krokodile, Flusspferde und Wasserbüffel, an Land Nashörner, Elefanten, Zebras, Gnus und Wasserböcke – und mit ein wenig Glück kann man auch Leoparden und Löwen sichten. Geduldige Vogelfreunde können über 500 unterschiedliche Arten erspähen.

Es gibt tolle Übernachtungsmöglichkeiten, etwa in Blockhütten am Strand von Cape Vidal. Im Dorf St. Lucia ist das St. Lucia Wetlands Guesthouse zu empfehlen (20 Kingfisher Street, Tel. 0 35/5 90 10 98, www.stluciawetlands.com). Lebendige Zulu-Kultur findet man im Khula-Dorf (kurz vor St. Lucia, links in die R618 abbiegen).

www.isimangaliso.com • Eintritt 37 Rand, Kinder 27 Rand, Auto 47 Rand
210 km nordöstl. von Durban

◎ Mkhuze Game Reserve   K 4

Das Mkhuze Game Reserve zeichnet sich in erster Linie durch seine Vogelwelt aus (Fischadler, Pelikane, Wildgänse), aber auch Nashörner und Wasserböcke sind anzutreffen. Der Park bietet schöne Wildansitze, beispielsweise Kumasinga Hide, und erlaubt weite Aussichten. Im Mantuma Camp kann man wunderbar in geräumigen Safarizelten (mit Küche)

übernachten – Antilopen spazieren draußen vorbei!
www.kznwildlife.com • Eintritt 37 Rand, Kinder 27 Rand, Auto 47 Rand
350 km nördl. von Durban

Natal Sharks Board Centre in Umhlanga Rocks 👫 📖 J 5

Umhlanga (sprich: Umschlanga) Rocks, ein mondäner Vorort von Durban mit vielfältigen Übernachtungs- und Einkaufsmöglichkeiten, ist mit seinen weitläufigen Stränden an sich schon eine Reise wert. Aber wer sich für Haie interessiert, sollte auf keinen Fall das Natal Sharks Board Centre (Hai-Museum) verpassen. Die Videoshow und die anatomischen Studien sind faszinierend.
Umhlanga Rocks, 1a Herrwood Dr. • www.shark.co.za • Mo–Fr 8–16 Uhr • Eintritt 35 Rand, Kinder 20 Rand
25 km nördl. von Durban

Pietermaritzburg 📖 J 5

200 000 Einwohner
Ein Spaziergang durch die viktorianische Altstadt lohnt sich. 1839 von Voortrekkern gegründet, ist Pietermaritzburg heute Sitz der Provinzverwaltung. Das Old Voortrekker House in der Boom Street und das Old Natal Parliament Building (Ecke Longmarket/Commercial Street) sowie die City Hall mit ihrem 42 m hohen Glockenturm sind sehenswert. Gegenüber liegt die Tatham Art Gallery. In der Church Street erinnert eine Statue an Mohandas Gandhi, der hier 1893 wegen seiner Hautfarbe des Zuges verwiesen wurde. Übrigens: 20 km nördlich bei Howick wurde Nelson Mandela 1962 bei einer Straßensperre an der R103 verhaftet.
80 km westl. von Durban

Shakaland und Dingaans Kraal 📖 J 4, J 5

Bei Eshowe, einem alten Zulu-Dorf, liegt das für die Fernsehserie »Shaka Zulu« erbaute **Shakaland** 👫 (www. shakaland.com). Gleich daneben befindet sich der authentische Kraal von Kwabhekithunga. Rund 100 km weiter kommt man zu **Dingaans Kraal** (Umgungundlovu). Dort ließ König Dingaan am 3. Februar 1838 eine Delegation von Buren grausam ermorden. Anfahrt über die N2 in nördlicher Richtung, bei Gingindlovu links auf die R68 Richtung Eshowe abbiegen.
140/240 km nordöstl. von Durban

9 ⭐ MERIAN Tipp

MIDLANDS MEANDER 📖 H 5
Gemütliches Reisen mit Stopps bei Künstlern und Kunsthandwerkern, in guten Restaurants und netten B & Bs im Vorland der Drakensberge. ▸ S. 17

9 ⭐ Drakensberge 📖 H 5

Es ist wohl nicht übertrieben zu sagen, dass das größte Bergmassiv Südafrikas einige der spektakulärsten Szenerien des Landes bietet: massive Felstürme, wilde Wasserfälle und bizarre Steinformationen; dazwischen liebliche Täler mit hügeligen Graslandschaften und friedlich plätschernden Bächen. Bis auf einige Zulu-Dörfer ist die Gegend wild und unbewohnt. Eine Straße zur Durchquerung der Drakensberge vom südlichen zum nördlichen Teil gibt es nicht. Die beliebtesten Wanderrouten mit den spektakulärsten Aussichtspunkten befinden sich in den zentralen und nördlichen Gebieten der Drakensberge. Hier findet man auch die beste Zugangsmöglichkeit zu den Felszeichnungen der San. Wer auf eigene Faust auf mehrtägige Wanderungen gehen möchte, sollte die üblichen Regeln für das Gebirge beachten: Immer eine aktuelle Wanderkarte, genügend Proviant, Trinkwasser und warme Kleidung mitnehmen, da das Wetter sehr schnell umschlagen kann. An einigen Trail-Zugängen muss man sich aus Sicherheitsgründen vor dem Aufbruch in eine Liste eintragen. Falls dies nicht der Fall ist, empfehlen wir, die Mitarbeiter Ihres Camps oder Hotels über Ihre Pläne zu unterrichten.

SERVICE
AUSKUNFT
Drakensberg Tourism Association
Tel. 0 36/4 48 15 57 • www.drakens berg.org.za

Nördliche Drakensberge   H 5
Die spektakulärste Kulisse auf der Reise durch die Drakensberge offenbart sich dem Besucher im **Royal Natal National Park**. Zwischen Sentinel (3165 m) und Eastern Buttress (3047 m) erstreckt sich eine 5 km lange, halbmondförmige Felswand und erweckt das eindrucksvolle Bild eines überdimensionalen Amphitheaters. In westlicher Richtung liegt der Mont-aux-Sources, mit 3282 m der höchste Berg Südafrikas. In seinem Innern entspringt der Tugela River, der sich über die steile Kante des »Amphitheaters« in mehreren Stufen 800 m in die Tiefe stürzt. Um die **Tugela Falls** aus nächster Nähe betrachten zu können, nehmen Sie von Tendele aus die Route zur Tugela Gorge. In einer

sechsstündigen Wanderung bieten sich faszinierende Ausblicke.

Südliche Drakensberge   H 5
Ausgerüstet mit Pass und Allradantrieb, kann man den Grenzübergang nach Lesotho über den **Sani Pass**, einen der sensationellsten Bergpässe Südafrikas, antreten. Die unbefestigte Hochgebirgsstraße schraubt sich in atemberaubend steilen Serpentinen nach oben und ist teilweise auch noch im Sommer von Schnee und Eis bedeckt. Am höchsten Punkt, auf 2865 m, kann man sich im Sani Top Chalet, dem am höchsten gelegene Pub Südafrikas, mit einem Bier belohnen und die atemberaubende Aussicht genießen.

Zentrale Drakensberge   H 5
Im mittleren Abschnitt der Drakensberge liegen aufgrund bizarrer Landschaften und gut zugänglicher Höhlen mit **Felszeichnungen der San** (San Rock Art) einige der beliebtesten Wanderrouten des Gebirges. Die vier interessanten Ausgangspunkte sind jeweils von der N3 erreichbar und gut ausgeschildert. Eine der drei großen Fundstätten für San-Kunst befindet sich in den **Main Caves** in **Giant's Castle**. Über 500 Werke schmücken die kargen Felswände.
Auf der Fahrt in den Ort Injisuthi kann man rechts und links nach Zulu-Dörfern mit den traditionellen Rundhütten Ausschau halten. Der Ort selbst ist ein guter Ausgangspunkt für herrliche Wanderungen in die einsame Wildnis und bietet die zweite leicht zugängliche Möglichkeit zu Felsmalereien. Die Wanderung inklusive Besichtigung der über 750 San-Felszeichnungen in der **Battle Cave** dauert ca. drei bis vier

Eine Wanderung im eindrucksvollen, halbmondförmigen »Amphitheater« in den nördlichen Drakensbergen (▶ MERIAN TopTen, S. 87) ist ein sagenhaftes Erlebnis.

Stunden. In **Champagner Valley** kann man den Proviant für die kommenden Exkursionen aufstocken und die berühmteste Aussicht auf die Drakensberge genießen. Der Champagner Castle ist der Wächter des Tals und der zweithöchste Berg Südafrikas. Champagner Valley hat sich zu einem regen Touristenort entwickelt und bietet zahlreiche Hotels, B & Bs, Supermärkte und Restaurants. Als Ausgangspunkt für Wanderungen ist das Tal nicht zu empfehlen, da man erst einen Shuttle-Service in Anspruch nehmen muss. Dafür ist die etwas nördlich gelegene Region **Cathedral Peak** mit sensationellen Landschaften und den größten Funden an San-Felszeichnungen mehr als eine Entschädigung. Von hier aus kann man Exkursionen direkt starten. Zu den beliebtesten Zielen zählt die weltweit bekannte **Ndedema Gorge**, deren Höhlen und Sandstein-Überhänge 4000 Kunstwerke der Buschmänner zieren. Ein schönes Ausflugsziel ist auch der **Mike's Pass**, der ein herrliches Panorama über die umliegende Berglandschaft bietet.

Nordkap und Umgebung

Große Karoo und die Kalahari-Wüste: Sie stehen für Wildblumen, Wüstenlöwen und eine raue Diamantenküste, die
sich im endlosen Nordkap erstreckt.

◀ Südafrikas höchster Wasserfall im Augrabies Falls National Park (▸ S. 93) ist neun Monate im Jahr nur ein Rinnsal.

Etwas größer als Deutschland, umfasst das Nordkap fast ein Drittel der nationalen Landesfläche und hat gleichzeitig mit nur 830 000 Menschen die geringste Bevölkerungsdichte. »Diamond City« Kimberley an der Ostgrenze und Upington sind die einzigen nennenswerten Städte. Hoch im Norden liegt der Kgalagadi Transfrontier Park und im Nordwesten der Richtersveld National Park. Im Westen der Provinz befindet sich die kalte, diamantenreiche Atlantikküste, angrenzend an das wildblumenreiche Namaqualand (im August/September ist Wildblumenblüte). Der Augrabies Falls National Park bietet Südafrikas imposantesten Wasserfall (März–Mai). Doch das Herz der Provinz ist die Große Karoo, eine über weite Strecken fast unbesiedelte Region, überdacht von einem schier endlosen und nachts sternenklaren Himmel.
Seit 80 Jahren werden an der Westküste Südafrikas, zwischen Port Nolloth und Alexander Bay, Diamanten gefunden und im großen Stil abgebaut. Lange Zeit wurde angenommen, dass der mächtige Oranje die Steine aus dem Landesinnern bis an die Küste angeschwemmt hat – aber im Flussbett selbst ist man nie fündig geworden. Die Sache bleibt bis heute ungeklärt. Tatsache ist, dass im Juni 1926 der britische Offizier Jack Carstens, der seinen Vater in dem rauen Fischerhafen Port Nolloth besuchte, einen hübschen Diamanten südlich des Städtchens im Sand entdeckte. Binnen Wochen brach ein Rausch aus: Die Gegend galt bei Glücksrittern kurz darauf als »Diamantenküste«. Wie so oft, wurden die meisten Neuankömmlinge bald enttäuscht.

Kimberley   🔖 F 5

250 000 Einwohner
Stadtplan ▸ S. 93
Diese Stadt leitete die entscheidende Wende in der Geschichte Südafrikas ein: Erstmals entstand in dem Agrarstaat massive Kapitalbildung. Im Jahr 1871 wurde der erste, ganze 83 Karat schwere Diamant gefunden und löste einen Diamantenrausch aus. Die Stadt »New Rush«, das spätere Kimberley, wurde die erste moderne Großstadt Südafrikas – noch vor New York schaltete man hier die Elektrizität ein. Das mit Schaufeln und Körben ausgehobene »Big Hole« ist mit 500 m Durchmesser das größte Loch, das jemals von Menschenhand gegraben wurde; einzelne Stollen sind 1 km tief. Als es im Jahr 1914 leer gebuddelt war, hatte man sage und schreibe drei Tonnen Diamanten gefunden. Heute liegen zwar alle Untertageminen in Kimberley still, aber das Diamantenunternehmen De Beers produziert noch immer 1,5 Mio. Karat jährlich, nur von den Überresten in den Halden! Das Museum am Big Hole ist absolut sehenswert.

MUSEEN UND GALERIEN

Kimberley Mine Museum ▶ S. 93, a 1

Ein museales Dorf, direkt neben dem »Big Hole« gelegen, erzählt die Geschichte des Diamantenrauschs von 1869 bis 1914. In der De Beers' Hall ist der »616«, der größte ungeschliffene Diamant der Welt, zu besichtigen. Sehr gut sortierter Laden! Tucker St. • www.thebighole.co.za • tgl. 8–17 Uhr • Eintritt 90 Rand, Kinder 50 Rand

ÜBERNACHTEN

Carrington Lodge ▶ S. 93, c 2

Herzlicher Empfang • Günstiges Gästehaus im Residenzviertel mit allem Komfort. Zwei Familienzimmer. Carrington/Olivier Rd. • Tel. 0 53/8 32 02 46 • www.carringtonlodge.co.za • 16 Zimmer • €€

ESSEN UND TRINKEN

Umberto's ▶ S. 93, b 1

Italienisch • Pasta, Pizzas, Steaks. 229 Du Toitspan Rd., neben Halfway House • Tel. 0 53/8 32 57 41 • Mo–Fr 12–15, 18–22, Sa 18–22 Uhr • €€

Halfway House
Drive-In Pub ▶ S. 93, c 2

Beliebt • Die erste Kneipe Südafrikas, in der man nicht vom Pferd absteigen musste, um sich den Staub aus der Kehle zu spülen. Heute bekommen Autofahrer die vier Sorten Fassbier auch auf dem Parkplatz serviert – doch besser nicht zu viel! Du Toitspan/Edgerton Rd. • €

SERVICE

AUSKUNFT

Northern Cape Tourism ▶ S. 93, b 1

14 Dalham Rd. • Tel. 0 53/8 32 26 57 • www.northerncape.org.za • Mo–Fr 8–17, Sa 8.30–11.30 Uhr

Upington   📖 D 4

55 000 Einwohner

Die einzige kommerzielle Stadt weit und breit bietet dem Besucher die Gelegenheit, sich mit allem zu versorgen, was er für die Weiterreise braucht – Supermärkte, Autowerkstätten, Unterkünfte und Touristeninformationen. Das ist es aber auch schon. Dank des Wassers des Oranje werden in der weiteren Umgebung Weintrauben (es gibt sogar eine Weinroute), Obst, Weizen und auch Baumwolle angepflanzt. Upington weist, nach der langen Anfahrt durch die dürre Halbwüste, ein überraschend grünes Stadtbild auf: Rosenbepflanzte Gärten und große, Schatten spendende Bäume erzeugen eine Atmosphäre der Ruhe und Gelassenheit. Aber Vorsicht: Im Sommer, besonders ab Neujahr, erreichen die Temperaturen häufig 40 °C; sogar die Weinlese erfolgt dann nur in der Nacht, wenn es abgekühlt hat. Auf »Sakkie se Arkie« (Sakkies Arche) kann man täglich auf dem Oranje eine Sonnenuntergangsfahrt mitmachen, das Boot legt an der Palm Avenue auf der gegenüberliegenden Flussseite ab.

ÜBERNACHTEN

Le Must Guest Manor

Hübsch eingerichtet • Zwei charmante Häuser, in einem großen Garten gelegen, direkt am Fluss. Schwimmbad. Die Zimmer, alle mit Bad, sind geschmackvoll eingerichtet. Abendessen auf Wunsch. (Nicht zu verwechseln mit der exklusiveren Le Must River Residence, €€€€, nebenan in der Budler Street.) 12 Murray Ave. • Tel. 0 54/3 32 39 71 oder 08 23/73 38 37 • www.lemust upington.com • 11 Zimmer • ♿ • €€

ESSEN UND TRINKEN
Kalahari O'Hagans

Rustikal • Mittags und abends wird das klassische Pub-Menü serviert: gute Steaks und großzügige Fischportionen. Morgens gibt es ein strammes Frühstück, bestehend aus Eiern und Speck. Man sitzt draußen mit Blick auf den Fluss.

20 Schröder St. • Tel. 0 54/3 31 20 05 • tgl. ab 8 Uhr • €€

Ziele in der Umgebung
◎ **Augrabies Falls National Park**　　D 4

Rund eine Autostunde westlich von Upington auf der Nationalstraße 14 und nördlich des Dorfs Kakamas stürzt der Oranje (Orange River) – mit einer Länge von 2000 km Südafrikas längster Fluss – in Augrabies Falls bis zu 75 m in die Tiefe. Man sollte sich jedoch keine falschen Vorstellungen von einer südafrikanischen Version der Viktoriafälle machen: Nur zwischen März und Mai, falls es im Landesinneren gute Niederschläge gab, führt der Oranje genug Wasser, um seine beeindruckende Kulisse zu entfalten. Dann stimmt auch der ursprüngliche Name für die Fälle: Aukoerebis – »Ort des lauten Rauschens«. Vorsicht ist besonders für Familien mit kleinen Kindern geboten: Auf den immer nassen und rutschigen Felsen sind im Laufe der Zeit öfter Besucher ausgerutscht und in die Tiefe gestürzt. (Fast immer mit tödlichem Ausgang – einem glücklichen Skandinavier riss die Strömung zwar alle Kleider vom Leib, aber er konnte lebendig flussabwärts aus dem Wasser gefischt werden!)

Aber auch dann, wenn die Fälle zu einem weniger beeindruckenden Rinnsal versickern, lohnt die weite Fahrt hierher – besonders für den, der der Kälte und Enge Europas entkommen will. Denn die weitere Umgebung und die tiefe, 18 km lange Schlucht des Oranje bilden einen Nationalpark (184 qkm), dessen wilde Natur und Felsformationen oft

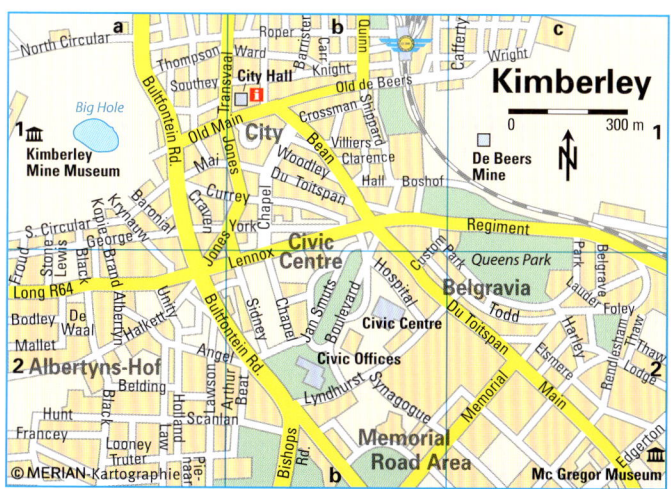

Aus dem größten von Hand gegrabenen Loch, dem Big Hole in Kimberley (▶ S. 91), wurden in rund 40 Jahren unglaubliche drei Tonnen Diamanten herausbefördert.

an Mondlandschaften erinnern. Zu dem Wild, das man hier antreffen kann, gehören neben Eland-Antilopen neuerdings auch die bedrohten Wüstenspitzmaulnashörner (Desert Black Rhino). Auf den erholsamen Wanderwegen, etwa dem dreistündigen **Dassie Trail**, sieht man außerdem kleine Nagetiere über heiße Felsen huschen, und am späten Nachmittag geben die einheimischen **Köcherbäume** gegen die untergehende Sonne wunderbare Fotomotive ab. Wer möchte, kann auch im Kanu oder Schlauchboot unten auf dem Fluss rudern. Touren organisiert beispielsweise Kalahari Adventure Center (www.kalahari.co. za). Abenteuerlich ist auch der dreitägige **Klipspringer Hiking Trail** entlang des Flusses mit Übernachtungen in einfachen Holzhütten. Allerdings ist der Trail wegen der Sommerhitze von Oktober bis März geschlossen. Bequeme Übernachtungsmöglichkeiten, wie in allen Nationalparks, bietet das Rest Camp mit seinen Cottages und Bungalows, inklusive Schwimmbad, Restaurant und Geschäft.

Tel. 0 54/4 52 92 00 • www.sanparks. org/parks/augrabies • Eintritt 152 Rand, Kinder 76 Rand 110 km westl. von Upington

◎ Kgalagadi Transfrontier Park 📙 D 2/3

Wer das Glück hat, einen der majestätischen, hellen Kalahari-Löwen mit seiner schwarzen Mähne unter einem schattigen Kameldornbaum anzutreffen, der hat fortan ein bleibendes Südafrika-Souvenir im Kopf. Vor der atemberaubenden Kulisse einer lautlosen Weite, den trockenen Flussbetten des Noosob und des

Auob, in denen Antilopen nach Wasser graben, rotgelben Sanddünen und einem immerblauen Himmelsdach begreift der Neuankömmling schnell, warum Kenner diesen Park schätzen und lieben.

Im Jahre 2000 wurde aus dem ehemaligen Kalahari Gemsbok Nationalpark (9591 qkm) das erste Wildreservat, dessen Grenze mit einem Nachbarland (Botswana) per Staatsvertrag permanent geöffnet wurde. Seitdem heißt er korrekt Kgalagadi Transfrontier Park – wie die San-Buschleute ihre Heimatregion seit Jahrtausenden bezeichnet haben – und ist auf 38 000 qkm erweitert worden, allerdings mit äußerst wenig touristischer Infrastruktur auf der botswanischen Seite.

Neben den leicht zu findenden Antilopen (Springböcke, Gemsböcke, Eland, Gnus und Kuhantilopen) kann, wer geduldig und intelligent Ausschau hält, auch die Raubtiergattungen Löwe, Leopard, Gepard, Hyäne, Schakal, Wilder Hund und Fuchs erspähen. Am besten, man fährt zu einem Wasserloch, stellt den Motor ab und wartet – mindestens eine, besser zwei bis drei Stunden. Übrigens: Das allein ist schon ein Stück erholsamer Urlaub. Spannend wird es, wenn die Böcke plötzlich unruhig werden und die Flucht ergreifen. Außerdem sollte man immer die Kanten der spärlich bewachsenen Dünen im Auge behalten – dort verstecken sich die Katzen oft. Auf Baumästen sitzen häufig Adler; insgesamt existieren über 200 Vogelarten in der Kalahari.

Eine Bemerkung zu den **San**, den letzten Nachkommen der jahrhundertelang verfolgten und ausgenutzten Urbevölkerung des südlichen Afrikas: Im Jahre 2000 erhielten sie von der Regierung 50 000 ha an und im Park – einerseits, um ihre traditionelle Lebensweise aufrechterhalten, andererseits, um am Tourismus teilhaben zu können. Dieses lobenswerte Projekt war bisher leider nur teilweise erfolgreich. Alkoholismus und Drogenmissbrauch, bedingt durch Armut und Arbeitslosigkeit, prägen weiterhin ihre oft bejammernswerte Existenz.

Unterkünfte: Die modernsten Bungalows sind in Twee Rivieren (mit Restaurant), die urigsten in Mata Mata und Nossob. Oder man lebt in einem Luxuszelt (mit Küche und Bad) im Kalahari Tent Camp, auf einer Sanddüne oberhalb des Auob-Flusses gelegen und mit allem ausgerüstet, was man für eine komfortable Übernachtung benötigt. Interessant ist auch der dreitägige Nossob 4x4 Eco Trail, mit Übernachtungen unter freiem Himmel; allerdings benötigt man dafür, ebenso wie für die beiden Dünencamps Bitterpan und Grootkolk, ein Allradgefährt.
Tel. 0 54/5 61 20 00 • www.sanparks.org/parks/kgalagadi • Eintritt 264 Rand, Kinder 132 Rand
260 km nördl. von Upington

 ## FotoTipp

»DASSIES« UND KÖCHERBÄUME

Wer die kaninchengroßen »Dassies«, korrekt Klippschliefer genannt, ablichten möchte, sollte viel Geduld mitbringen, denn die kleinen Nagetiere huschen unglaublich schnell über die Felsen. Die attraktiven Köcherbäume jedoch halten still und sehen besonders bei Sonnenuntergang sehr attraktiv aus. ▶ S. 94

Im Kruger National Park (▶ MERIAN TopTen, S. 101) leben nahezu
200 000 Säugetiere, darunter Nashörner und Elefanten.

Touren und Ausflüge

Mit dem Auto lernt man Land und Leute am besten kennen.
Die Winelands, die Kalahari, das Zulu-Land und die Nationalparks
zählen zu den Höhepunkten Südafrikas.

Die Winelands ⭐ – Idyllische Weingüter und vorzügliche Restaurants

Charakteristik: Tagestour für Weinfreunde und Genießer **Dauer:** 1 Tag **Länge:** ca. 240 km **Einkehrtipps:** Grande Roche Hotel (▸ S. 56), Plantasie St., Paarl, Tel. 0 21/8 63 51 00, www.granderoche.com €€€€ • Haute Cabrière (▸ S. 55), Franschhoek, Tel. 0 21/8 76 36 88, www.cabriere.co.za €€€ • Lord Neethling, M12 zwischen Stellenbosch und Kuilsriver, Tel. 0 21/8 83 89 66, www.neethlingshof.co.za €€€ • Spier Estate, Annandale Road, Stellenbosch, Tel. 0 21/8 09 11 00,

 www.spier.co.za €€€ **Auskunft:** Cape Winlands Tourism, Tel. 0 86/1 26 52 63, www.tourismcapetown.co.za

Karte ▸ S. 99; ◼ C 8

Für viele ist die Weinregion zwischen Kapstadt, Paarl und Stellenbosch der wunderbarste Teil Südafrikas. Bei dieser Tagestour (etwa 240 km) lernen Sie die schönsten Weinstädte und Gebirgspässe des westlichen Kaps kennen. Wer alles besichtigen will, muss allerspätestens um 8.30 Uhr von Kapstadt abfahren, um am Abend wieder in Kapstadt zu sein.

Kapstadt ▸ Paarl

Die N1 führt zunächst nach **Paarl**, dem Hauptsitz jener Winzergenossenschaft, die fast die gesamte Weinproduktion Südafrikas kontrolliert. Im Museum Oude Pastorie kann man alte Möbel, im Gideon Malherbe

Das Grande Roche Hotel (▸ S. 56) in Paarl und das zugehörige Restaurant Bosman's gehören zu den Top-Adressen der südafrikanischen Hotellerie.

Haus die erste Druckerpresse einer afrikaansen Zeitung besichtigen. Am Südhang des Paarl Mountain (ein 700 m hoher Granitfelsen, der in der Sonne glänzt wie eine »Perle« und der Stadt ihren Namen gab) liegt das Monument der Afrikaans-Sprache, das 1975 eingeweiht wurde. Von dort hat man einen schönen Blick über das Tal; übrigens auch vom Jan-Phillips-Drive (11 km) aus, der gegenüber der Genossenschaft von der Hauptstraße den Berg hinaufführt. Das futuristisch anmutende »Afrikaanse Taalmonument« soll die Entwicklung von Afrikaans als eigenständige Sprache dokumentieren. Der Mix aus Sprachen, der von vielen Einwanderern gesprochen wurde, hatte mit der holländischen Sprache nur noch sehr wenig zu tun, und so wurde Afrikaans 1875 als eigenständige Sprache deklariert.

Sehr sehenswert ist das große, über die Landesgrenzen hinaus bekannte Weingut Nederburg etwas außerhalb der Stadt. Zusätzlich zum Wein kann man hier ländliche Idylle und kapholländische Baukunst genießen. Wer zu Mittag essen möchte, ist auf der schönen Terrasse des Grande Roche Hotels bestens aufgehoben. Der Manager ist sehr ortskundig und gibt gern hilfreiche Tipps.

Paarl ▸ Franschhoek

Die Landstraße R303 führt nach **Franschhoek**, vorbei am Victor-Vester-Gefängnis, durch dessen Tor Nelson Mandela am 11. Februar 1990 in die Freiheit schritt, dem La-Motte-Weingut und dem kleinen Safariland Wildpark. Franschhoek wurde im Jahr 1688 von Hugenotten gegründet und gilt heute als Treffpunkt für Feinschmecker (mehr als 20 Restaurants). Empfehlenswert sind Le Quartier Français (▸ S. 56), Le Ballon Rouge und La Petite Ferme. Am Ortsausgang können Sie den besten Sekt Südafrikas kosten und erwerben: die Erzeugnisse vom Clos Cabrière des deutschstämmigen Weinmachers Achim von Arnim (Führungen Mo–Sa 11 Uhr). Das ausgezeichnete Restaurant **Haute Cabrière** (▸ S. 55) ist mittags und abends geöffnet.

Franschhoek Pass ▸ Stellenbosch

Über den Franschhoek Pass, der herrliche Aussichten über das Berg River Tal bietet, fährt man die R45 zum Theewaterskloof Damm, einem der wichtigsten Wasserreservoire Kapstadts. Die R321 führt über den Viljoenspass nach Elgin und Grabouw, rechts liegen die Hollandberge. Hier werden viele der »Cape«-Früchte (Äpfel, Birnen, Pfirsiche) und Schnittblumen, die die Europäer im Winter erfreuen, geerntet.

Auf der Nationalstraße N2 geht es über den Sir Lowry's Pass nach **Somerset West** und Strand, einem beliebten Badeort. Der Pass bietet eine schöne Aussicht auf Farmgebiete und Berge zur Rechten und die False Bay zur Linken; an klaren Tagen kann man sogar den Tafelberg und die Kapspitze sehen. In Somerset ist das **Weingut Vergelegen** (Tel. 0 21/8 47 13 34, www.vergelegen.co.za) einen Besuch wert; im dortigen Teegarten kann man es gut aushalten, ein Picknick macht ebenfalls Spaß. Hinter Somerset West geht es rechts ab auf der R44 nach **Stellenbosch**. Die erste Universitätsstadt Südafri-

kas, gegründet 1679, ist die Wiege des intellektuellen Burentums: Hier haben zahlreiche Premierminister und Präsidenten studiert. Wie Paarl ist es ein Zentrum des Weinbaus. Die historische Altstadt mit ihren Eichenalleen und kapholländischen Gebäuden, Kirchen und Museen kann man einfach erlaufen, indem man die Dorp Street entlangspaziert.

Stellenbosch ▸ Kapstadt

An der Straße in Richtung Kapstadt liegen links und rechts Weingüter. Empfehlen können wir, linker Hand, das **Weingut Spier Estate** 🍃 (Tel. 0 21/8 09 11 00, www.spier.co.za). Das Weingut mit angegliedertem Hotel wurde für seinen verantwortungsbewussten Umgang mit der Umwelt ausgezeichnet. Hier kann man in drei Restaurants speisen (Livemusik) und im Wine Centre ein Dutzend südafrikanische und internationale Weine kosten und kaufen. Für Kinder gibt es ferner einen Spielplatz mit Beaufsichtigung. Auch Picknickkörbe für Ausflüge an den Fluss werden angeboten. Etwas weiter, rechter Hand, liegt der malerische Neethlingshof mit dem Restaurant Lord Neethling. In dieser Gegend gedeihen Weinreben besonders gut. An einige Weingüter sind Restaurants angeschlossen. Dort können Sie sich vor der Rückfahrt nach Kapstadt noch einmal stärken. Die Landstraße R310 oder die Autobahn N2 führen zurück nach Kapstadt. Auf der N2 zwischen Somerset West und Kapstadt passiert man die Township **Khayelitsha**, die unmittelbar an die Autobahn angrenzt. Die R310 führt über Muizenberg direkt am Strand entlang, über das Constantia-Tal gelangt man zurück nach Kapstadt.

⭐ 🔟 MERIAN Tipp

PINOTAGE

Südafrikas Nationaltraube Pinotage ist ein Kreuzung aus Pinot Noir und Cinsault. Der fruchtig-aromatische, dunkelrote Wein erfreut sich wachsender Beliebtheit.   ▸ S. 17

Kruger National Park (Greater Limpopo Transfrontier Park)  und Mpumalanga

Charakteristik: ausgiebige Rundfahrten im Kruger-Nationalpark und durch die Drakensberge **Dauer:** ca. 7 Tage **Länge:** Anfahrt ab Johannesburg ca. 500 km, dazu kommen ca. 800–1000 km für Rundfahrten **Einkehrtipps:** in den Camps im Park und in Pilgrim's Rest • The Vine Restaurant, Zentrum, Tel. 0 13/7 68 10 80 €€

H 3–K 2

Der Kruger Park, auch als Greater Limpopo Transfontier Park bekannt, bleibt eine der Top-Attraktionen Südafrikas und eines der besten Wildreservate der Welt. Nach wie vor stellt der riesige Park die Hauptattraktion für Touristen dar. Im ältesten Reservat Afrikas leben nahezu 200 000 Säugetiere, und mit etwa 38 000 qkm ist es das größte Tierparadies der Erde. Wer den gesamten Park sehen will, muss mindestens zwei Wochen einplanen, zumal man jetzt auch in den mosambikanischen Teil des Parks reisen kann. Wegen des Andrangs sollte man in den Camps und Lodges vorbuchen!

An der Westgrenze des Parks liegen obendrein ein Dutzend Privatparks (u. a. Thornybush, Ngala, Sabi-Sabi, Londolozi, Tshukudu), die luxuriös und teuer sind. Und schließlich bietet die Provinz Mpumalanga eine Reihe von Sehenswürdigkeiten, die

Im Kruger National Park (▶ MERIAN TopTen, S. 101) im Dreiländereck Südafrika, Simbabwe, Mosambik herrscht seit 2002 grenzüberschreitender Verkehr.

Sie nicht versäumen sollten. Die hier beschriebene Tour für einen Zeitraum von ca. 7 Tagen ließe sich also unbegrenzt abändern oder erweitern.

Johannesburg ▸ Skukuza

Wer am ersten Tag das Skukuza-Camp im Park erreichen will, muss zeitig aus Johannesburg abfahren; es gilt fast 500 km zurückzulegen. Aus Johannesburg nimmt man die Autobahn N12 in Richtung Daveyton. Bei Witbank (Emalahleni) stößt man auf die mehrspurige Autobahn N4, auf der man bis zum Kruger Park bleibt; allerdings wird die Straße ab Wonderfontein wieder zweispurig. Nach 425 km geht es dann links ab in den Limpopo, bis Skukuza sind es dann nochmals 60 km. Achtung: Wegen der zahlreichen Wildtiere herrscht auf den Straßen Tempo 50 – und es wird scharf kontrolliert.

Skukuza ▸ Mopani Camp

Im Kruger Park hat man viele Möglichkeiten, die lediglich dadurch eingeschränkt werden, in welchem Camp man übernachtet. Mancher hat nach zwei Tagen genug, andere wollen alles sehen. Als besonders schöne Camps gelten neben Skukuza (Museum) noch Satara (viel Wild), Olifants (schöne Aussichten) und das Mopani Camp (mit Bar). Die meisten Camps haben auch einen Campingplatz. Das ist am günstigsten, doch man benötigt ein eigenes Zelt bzw. Wohnmobil.

Kruger National Park ▸ Sabie

Am fünften Tag verlassen Sie den Park durch das Paul-Kruger-Tor in westlicher Richtung und fahren über Hazyview auf der R536 nach Sabie. Hier befinden sich die ausgedehntesten von Menschenhand gepflanzten Wälder der Welt. Sie liegen im Südabschnitt der Panoramaroute R532, die am Ostrand der über 2000 m hohen, herrlichen **Drakensberge** ⭐ entlangführt. Das Inlandplateau Südafrikas fällt teilweise steil ab: Überall kommt man an rauschenden Wasserfällen vorbei und genießt atemberaubende Aussichten, die an klaren Tagen bis zum Kruger Park reichen.

Bonnet-Pass ▸ Pilgrim's Rest

Über den Bonnet-Pass und die R533 gelangen Sie in die Goldgräberstadt **Pilgrim's Rest**, die 1873 einen Boom erlebte und heute komplett unter Denkmalschutz steht. Hier kann man noch selbst Digger spielen und abends im Stil jener Zeit übernachten. Es gibt Hotels und Gästehäuser in der näheren Umgebung.

Wer will, kann die gesamte Gegend tagelang durchwandern, z. B. auf dem Fanie Botha Trail (80 km) ab Sabie, dem Prospectors Trail (65 km) zwischen Sabie und Graskop oder dem Blyderiviierspoort Hiking Trail (70 km) ab God's Window.

God's Window ▸ Lydenburg

Der sechste Tag Ihrer Reise führt Sie nach Lydenburg über den Pass nach Graskop auf der R533 und dann nach Norden auf der R532 und R534 zum God's Window. Wie der Name schon sagt, ist der Ausblick auf das Lowveld von hier aus »göttlich«. Entlang der einmaligen Strecke kommen laufend Aussichtspunkte und Wasserfälle. Bei Bourke's Luck Potholes – nach einem »lucky digger« benannt – haben der Blyde-Fluss und der Treur-Fluss tiefe Löcher in das Gestein gespült, in die man von Hängebrücken aus hinunterblicken kann. Die Panoramastraße R532 führt entlang des Blyde-River-Canyon-Naturreservats, einer kilometerlangen Schlucht, durch die sich tief unten der Fluss schlängelt – dies ist der schönste Teil der nörd-

Der Blick über den Blyde River Canyon in den Drakensbergen (▶ MERIAN TopTen, S. 87) reicht bis in die Niederungen des Kruger National Park (▶ MERIAN TopTen, S. 101).

lichen Drakensberge. In der Nähe der Echo Caves an der R36 treffen Sie auf Zufluchtsstätten afrikanischer Stämme aus dem Steinzeitalter. Weiter geht die Fahrt nach **Lydenburg** (»Stadt des Leidens«), wo einst eine Malaria-Epidemie wütete und das 1849 zur Hauptstadt der unabhängigen Burenrepublik ernannt wurde. Im Museum sind Tonmasken aus dem Jahre 500 v. Chr. ausgestellt. Ähnliche Tonmasken aus Lydenburg sind auch im South African Museum in Kapstadt zu bewundern.

Dullstroom ▶ Johannesburg/Pretoria
Die R540 führt zunächst nach Dullstroom, berühmt für seine Forellenzucht. Über Belfast auf der R33 geht es dann zur Autobahn N4, die durch das fruchtbare Highveld (Mais, Gemüse) zurück nach Johannesburg oder in die Hauptstadt Pretoria führt.

INFORMATIONEN
Kruger National Park   📖 J/K 1–3
Reservierungen: Tel. 0 12/4 28 91 11 • www.sanparks.org/parks/kruger • Eintritt 264 Rand, Kinder 132 Rand

Die Westküste – Malerische Orte und prächtige Wildblumen

Charakteristik: Ausflug mit Übernachtung zu den Fischerdörfern an der Atlantikküste und dem West Coast National Park **Dauer:** 2 Tage **Länge:** ca. 450 km **Einkehrtipps:** Die Strandloper Seafood Restaurant (▸ S. 37), am Strand, Langebaan, Tel. 0 22/7 72 24 90, www.strandloper.com €€, unbedingt reservieren!

 C 7/8

Der atlantischen Westküste Südafrikas wurde lange touristisch wenig Beachtung geschenkt. Urlauber zogen die Südostküste (Hermanus, Arniston, Knysna) und das warme Wasser des Indischen Ozeans vor. Das hat sich geändert. Die Wassertemperatur im Atlantik ist zwar noch immer niedrig – aber die Strände sind herrlich, und der köstliche Hummer, genannt Crayfish, ist hier beheimatet (Fangsaison: September bis Juni). Beste Jahreszeiten: Januar bis März für den, der Sonne und Strände genießen, August bis September für den, der die Pracht der Wildblumen erleben will. Im Winter (Juni bis August) unbedingt warme Kleidung mitnehmen – nachts sinken die Temperaturen oft auf 5 °C.

Kapstadt ▸ West Coast National Park

Am ersten Tag nehmen Sie aus Kapstadt die Stadtautobahn N1 in Richtung Milnerton. Von dort kommt man über die Landstraße R 27 in Richtung Melkbosstrand (nicht die breite Nationalstraße N7 landeinwärts nehmen, sonst hat man nichts von der Fahrt) zunächst zum **Blouberg-Strand** (am Wasser entlang führt auch die R 14), um zurückblickend die berühmten Postkartenfotos vom **Tafelberg** ⛺ zu schießen. Vorbei an Afrikas einzigem

Atomkraftwerk Koeberg, geht es weiter in Richtung Matroosbaai und Bokbaai. Der nächste Ort ist Yzerfontein, ein malerisches Fischerdorf (R 315 links ab). Von Yzerfontein aus geht es zurück zur R27 und nach Norden zum **West Coast National Park**. Der 18 000 ha große Park umfasst eine Lagune, die bei Kapstädtern sehr beliebt ist (Segeln, Fischen, Wasserski). Die Parkanlage selbst, die eine herrliche Wildblumenlandschaft, Flamingos und kleine Antilopen bietet, ist eines der wichtigsten Schutzgebiete der Welt für etwa 250 verschiedene Arten von Zugvögeln.

Churchhaven ▸ Langebaan

Churchhaven ist ein winziger, aber malerischer Ort; dahinter kommt die herrliche Bucht Kraalbaai. Auf dem Rückweg, um die Lagune herum, erreicht man **Langebaan**, die Straße ist nun geteert. Im Strandloper Seafood Restaurant (▸ S. 37) am Strand kann man leckeren Crayfish essen.

Langebaan ▸ Bird Island

Von Langebaan aus führt die R27 nach Velddrif und Laaiplek. Auf einer Schotterstraße geht es nach Eland's Bay am Atlantik entlang und dann weiter zum Fischereihafen **Lambert's Bay**. In Lambert's Bay besucht man selbstverständlich **Bird Island**: ein

Vogelparadies mit Tausenden Möwen, Kormoranen und Pinguinen und manchmal Flamingos (zu Fuß über einen Pier am Hafenende erreichbar). Im Besucherzentrum erfährt man mehr über 200 Vogelarten. Neben Wanderungen am endlosen Strand kann man auch Schiffsfahrten mitmachen: Delfine und Wale (August bis Oktober) schwimmen nicht selten direkt neben dem Boot her.

Lambert's Bay ▶ Kapstadt

Am Küstenabschnitt kommt es im Hochsommer zu einem seltsamen Phänomen: Die Hummer krabbeln tonnenweise an Land – und verenden jämmerlich im Sand. Experten vermuten, dass Sauerstoffmangel den Massensuizid auslöst. Jedenfalls laufen Einheimische, noch bevor die Polizei eintrifft, mit jedem zur Verfügung stehenden Behälter herbei und sammeln die Rocklobster ein.

Übernachten kann man im Gästehaus Sir Lambert (Tel. 0 27/4 32 11 17, www.lambertsbay.net).

Am zweiten Tag kann man noch ein paar schöne Stunden in Lambert's Bay und am Strand verbringen, eine Schiffstour machen, mittags nochmals Crayfish essen und anschließend, via R364 und N7, direkt nach Kapstadt zurückfahren; oder aber man verlässt Lambert's Bay bereits unmittelbar nach dem Frühstück.

Die Fahrt zurück nach Kapstadt führt an den **Cedarbergen** vorbei, über den Piekenierskloof-Pass, mitten durch das fruchtbarste Anbaugebiet Südafrikas.

INFORMATIONEN

West Coast National Park C 7
Tel. 022/7 72 21 44 • www.sanparks.org/parks/west_coast • Eintritt 128 Rand, Kinder 64 Rand

Proteen – Zuckerbüsche – gibt es in vielen Farbabstufungen von rot über rosa, gelb, silber und sogar grünlich. Im Hintergrund der Tafelberg (▶ MERIAN TopTen, S. 45).

Die Kalahari-Route – Ruhe und Weite, Gnus und Löwen

Charakteristik: lange Tour ab Johannesburg oder Kapstadt in den Kgalagadi Transfrontier Park **Dauer:** 5–7 Tage **Länge:** 2500 km **Einkehrtipps:** Kalahari O'Hagan's, 20 Schröder St., Upington, Tel. 0 54/3 31 20 05 €€, im Park nur im Twee Rivieren Camp **Auskunft:** Tel. 0 54/5 61 20 00, www.san parks.org/parks/kgalagadi

 C 8/H 3–D 3

Afrika pur: Wer hier nachts den Löwen brüllen hört und den Sternenhimmel sieht, wähnt sich womöglich im Paradies.

Von Kennern des südlichen Afrika hört man oft: Der **Kgalagadi Transfrontier Park** ⚥ im Nordwesten ist einmalig. Keine Autostaus vor den Wasserlöchern, kein Massenandrang, nur Weite und Ruhe. Hier treffen sich abends am Campfeuer noch die echten Naturfreunde. Im März und April wandern Tausende von Springböcken, Gemsböcken, Streifengnus und Kuhantilopen über die grüne offene Grenze aus dem Nachbarstaat Botswana in den Park. Wer geduldig bleibt, wird die berühmten Kalahari-Löwen, Füchse, Hyänen und Schakale und mit etwas Glück auch Leoparden und Geparden sehen. Man fährt durchweg an den trockenen Flussbetten des Noosob und des Auob entlang und genießt eine weite Sicht. Auf den Bäumen (Weißstamm und Kameldorn) sitzen häufig Adler und Gaukler – es bevölkern über 200 Vogelarten diese Trockensavanne.

Johannesburg/Kapstadt ▶ Upington

Die Fahrt ist weit: 1100 km aus Kapstadt oder Johannesburg. Aus Kapstadt kommend (N7), empfehlen wir die Übernachtung in dem kleinen Ort Calvinia (ab Vanrynsdorp auf die R27). Dort finden Sie die preisgekrönten Hantam Huis Guesthouses, die herrlich im viktorianischen Stil restauriert wurden. Man schläft wie anno dazumal im Himmelbett und badet in frei stehenden Wannen, die noch Füße haben (Tel. 0 27/3 41 16 06, www.calvinia.co.za, €€).

Aus Johannesburg kommend, fährt man nach Krugersdorp, von dort auf der N14 über **Vryburg** und **Kuruman** bis Upington. Übernachtungsmöglichkeiten bieten sich in Vryburg und Kuruman an. In Kuruman, in dem die zwei größten Wirtschaftszweige die Rinderzucht und der Bergbau sind, sprudelt eine berühmte Quelle, das »Eye of Kuruman«: Tag für Tag spendet sie 18 Mio. l klares Wasser – ein unerschöpfliches Reservoir inmitten einer trockenen Landschaft. Bekannt ist der freundliche Ort zudem wegen seiner Missionskirche.

Twee Rivieren ▶ Botswana

Von Upington kommt man auf der R360 nach **Twee Rivieren**, dem ersten und größten Camp im Park. Bis auf die letzten Kilometer (Schotter) ist die Straße bereits geteert. In Twee Rivieren kostet ein Bungalow mit vier Betten und Bad ab 960 Rand pro Nacht. Alles, auch das Essen im Re-

Eine Herde Gnus in der Abendsonne. Der größere Teil des Kgalagadi Transfrontier Parks (▶ S. 106) liegt in Südafrikas Nachbarland Botswana.

staurant (nur in Twee Rivieren), ist mit Kreditkarte zahlbar. Eine große Kühlbox mit Getränken ist unentbehrlich! In jedem Camp – die beiden anderen heißen Mata-Mata und Nossob – gibt es einen kleinen Laden und eine Tankstelle. Eine echte Safari im Busch – mit allem Komfort – bietet das Kalahari Tent Camp oder die anderen Wilderness Camps, die von Kennern auf Anhieb geschätzt werden. Von den stillen Tagen und den roten Sanddünen werden Sie noch lange schwärmen.

Wer den Botswana-Teil des Parks erkunden will (keine Grenzformalitäten), braucht einen Allradwagen und muss alles selbst mitbringen: volle Campingausrüstung mit Zelt, Treibstoff, sogar Brennholz. Dann aber erlebt man eine völlig unberührte Natur, das Wild schnuppert nachts auch mal am Zelt. Dieser lohnenswerte Ausflug bedarf allerdings einer langfristigen Planung, denn die wenigen Campingplätze sind schnell ausgebucht und müssen unbedingt im Voraus reserviert werden.

Die bizarren Köcherbäume wachsen meist einzeln im nordwestlichen Kapgebiet (▶ S. 52). Wie hier als »Wald« sieht man sie selten.

Wissenswertes über
Südafrika

Nützliche Informationen für einen gelungenen Aufenthalt: Fakten über Land, Leute und Geschichte sowie Reisepraktisches von A bis Z.

Auf einen Blick

Mehr erfahren über Land und Leute, von Bevölkerung über Geografie und Politik bis Wirtschaft.

Amtssprachen: Afrikaans, Englisch sowie 9 Stammessprachen (Zulu, Xhosa, Sotho, Setswana, Pedi, Ndebele, siSwati, Venda und Tsonga)
Bevölkerung: 80 % Schwarze, 20 % Weiße, Coloureds, Asiaten
Einwohner: 49 Mio.
Fläche: 1,22 Mio. qkm
Hauptstadt: Pretoria
Internet: www.gov.za
Nationalfeiertag: 27. April
Religion: 78 % Christen, 2 % Muslime, 1,5 % Hindus, 18,5 % sonstige
Staatsform: Republik
Staatsoberhaupt: Präsident Jacob Zuma
Verwaltung: 9 Provinzen
Währung: Rand

Bevölkerung

Südafrika ist zwar so groß wie Deutschland, Frankreich, Österreich, Tschechien, Dänemark, die Schweiz und die Benelux-Länder zusammen, hat aber nur ein Viertel der Bevölkerung dieser Länder. Vier von fünf Südafrikanern sind schwarzer Hautfarbe, das übrige Fünftel besteht aus Minderheiten weißer oder brauner Hautfarbe, weil ihre Vorfahren aus Europa oder Asien kamen. Die Weißen, Nachfahren von Holländern, Deutschen, Franzosen und Engländern, hatten der Geschichte Südafrikas über Jahrhunderte hinweg ihren Stempel aufgedrückt. Aber die Apartheid gerät

◄ Bei einem Kaffee in der belebten Long Street lässt sich die relaxte Atmosphäre Kapstadts (▶ S. 43) genießen.

schon jetzt in Vergessenheit. Junge Südafrikaner können sich die Auswüchse des einstigen Rassenwahns gar nicht mehr vorstellen. Sie schauen optimistisch in die Zukunft. Trotz sozialer Fortschritte in den vergangenen 20 Jahren bestimmt weiterhin Armut das Leben von etwa der Hälfte der Bevölkerung. Wobei man Erfolge vorzeigen kann, die in die Richtung eines Wohlfahrtsstaats gehen: Die meisten Bürger in den neun Provinzen haben heute Zugang zu sauberem Leitungswasser, Elektrizität, ihre Krankenversorgung ist größtenteils kostenlos, und immerhin 17 Mio. Menschen bekommen Muttergeld oder eine Altersrente.

Lage und Geografie

An der Südspitze Afrikas gelegen, grenzt Südafrika im Norden und Osten an fünf Länder und im Westen und Süden an den Atlantik bzw. Indischen Ozean (3000 km Küste). Im Inneren erheben sich die Drakensberge bis zu einer Höhe von 3400 m. Dort schließt Südafrika auch das Bergreich Lesotho komplett ein. Die dünn besiedelte Halbwüste Karoo bedeckt etwa 40 % der Landesfläche.

Politik und Verwaltung

Was in Südafrika wie in kaum einem anderen Land auffällt, ist der Gegensatz zwischen Arm und Reich. Die demokratisch legitimierten Machthaber des African National Congress (ANC) haben es nicht vermocht, die klaffende Lücke seit dem Ende der Apartheid zu schließen – im Gegenteil, die Gegensätze wurden noch krasser. Vetternwirtschaft und Korruption haben ein Anspruchsdenken ausgelöst, das der Finanzminister so darstellte: »Ich brauche nicht zu schwitzen, ich muss nicht scharf nachdenken, alles, was ich brauche, ist die richtige Beziehung.«

Sprache

Englisch und das Burenidiom Afrikaans sind die beiden Sprachen, die in den Medien und im Parlament vorrangig benutzt werden. Zulu und Xhosa sind die Muttersprachen der meisten Südafrikaner. In der Verfassung werden zwar alle elf Sprachen als Amtssprachen aufgeführt, um Minderheiten gleichberechtigt zu behandeln, in der Praxis sind die »schwarzen« Sprachen jedoch Stiefkinder geblieben.

Wirtschaft

Die größte Volkswirtschaft in Afrika ist eine mit Bodenschätzen reich gesegnete Republik. Trotzdem erwirtschaften die 53 Mio. Südafrikaner alljährlich weniger als z. B. 7 Mio. Schweizer; sie sind damit dennoch mit Abstand der Klassenprimus in Afrika: der größte Förderer von Kohle, Gold und Uran, das einzige Land, das Atomstrom produziert und die beste Infrastruktur sowie hervorragend geteerte Straßen besitzt; die erste Herzverpflanzung; die meisten Nobelpreisträger (acht) und Oscar-Gewinner (zwei); erfolgreicher Ausrichter der ersten Fußball-WM in Afrika. Der Tourismus aus Übersee und aus Afrika ist bereits seit Jahren der größte Devisenbeschaffer des Landes. 2,5 Mio. Touristen aus Übersee trafen im WM-Jahr 2010 ein. Dazu kommen noch einmal 7 Mio. Besucher aus Afrika.

Geschichte

Ab 100 000 v. Chr.
Der Homo sapiens lebt bereits in Südafrika, z. B. an der Kapküste.

Ab 8000 v. Chr.
Buschmänner (San), die sich etwa ab Christi Geburt mit schwarzen Stämmen (Bantu) mischen, leben im südlichen Afrika.

1488
Der Portugiese Bartolomeu Diaz umsegelt die Kapspitze.

1652
Der Holländer van Riebeeck landet in der Bucht vorm Tafelberg und errichtet eine Versorgungsstation.

1688
225 Hugenotten treffen ein und begründen die Weinindustrie.

1795
Die Niederlande treten das Kap an Großbritannien ab.

1820
5000 britische Kolonisten werden angesiedelt. Die weißen Afrikaner rebellieren.

1835–1840
Der Große Treck findet statt. 6000 Buren ziehen in Planwagen nach Norden, auch deshalb, weil die Briten 1834 die Sklaverei aufheben.

1838
Ein paar Hundert Voortrekker besiegen Tausende Zulus am Blutfluss. Shakas Königreich bricht vollends auseinander. Die Buren gründen im Transvaal und im Oranje-Freistaat Republiken.

1856/57
Xhosa töten 400 000 Stück Vieh, weil das Mädchen Nongqawuse die Vision hatte, dass ihre Ahnen die Weißen ins Meer treiben würden. 20 000 Xhosa verhungern.

1867
Nördlich des Oranje-Flusses wird der erste Diamant gefunden. Die Briten holen binnen zehn Jahren Diamanten im Wert von 5 Mio. Pfund heraus. Es kommt zum ersten Krieg zwischen Briten und Buren.

1886
Bei Johannesburg werden riesige Goldfelder entdeckt.

1899
Der zweite Burenkrieg bricht aus; die Buren sind zunächst erfolgreich, müssen aber 1902 gegen die überlegene britische Armee kapitulieren.

1910
Briten und Buren gründen die Union von Südafrika und regieren gemeinsam. Den Schwarzen werden Reservate zugeteilt, die 13 % des Landes ausmachen.

1912

Als erste schwarze Partei Afrikas wird der African National Congress gegründet. Der African National Congress (ANC) widersetzt sich der weißen Herrschaft, allerdings nur mit friedlichen Mitteln.

1948

Mit der Nationalen Partei kommt erstmals eine Burenregierung an die Macht, die dann 46 Jahre lang ununterbrochen regiert. Die Apartheid wird zur offiziellen Regierungspolitik erklärt.

1960

Die Polizei erschießt in Sharpeville 67 schwarze Demonstranten. Der ANC wird verboten und beschließt unter Nelson Mandela den bewaffneten Widerstand.

1962

Mandela wird verhaftet und später verurteilt.

1976

Die Schülerunruhen in Soweto werden blutig niedergeschlagen. Der ANC verschärft seine Bombenkampagne gegen das Apartheidregime.

1977

Am 12. September stirbt der charismatische Schwarzenführer Steve Biko im Polizeigewahrsam an Gehirnverletzungen. 20 Jahre später geben vier Polizisten vor der Wahrheitskommission zu, Biko totgeprügelt zu haben.

1984

Erste Apartheidreformen werden eingeführt. Dennoch brechen landesweite Unruhen aus. 1986, wird der Ausnahmezustand verhängt. Erzbischof Tutu wird mit dem Friedensnobelpreis ausgezeichnet.

1990

Nach 27 Jahren wird Nelson Mandela aus der Haft entlassen. Präsident Frederik Willem de Klerk leitet Verhandlungen ein.

1994

Bei den ersten demokratischen Wahlen wird Nelson Mandela zum Präsidenten und Frederik Willem de Klerk zum Vizepräsidenten gewählt.

1999

Thabo Mbeki (ANC) wird neuer Präsident. Die Aids-Seuche fordert nun 300 000 Tote pro Jahr.

2010

Südafrika richtet die Fußballweltmeisterschaft aus.

2012

Am 16. August erschießt die Polizei in Marikana 34 aggressive Kumpel einer Platinmine. Tausende Bergarbeiter streiken.

2013

Am 5. Dezember 2013 stirbt Nelson Mandela mit 95 Jahren.

Reisepraktisches von A–Z

ANREISE

MIT DEM FLUGZEUG

Viele Airlines fliegen abends bzw. spätnachts ab und treffen morgens in Südafrika ein. Die internationalen Flughäfen sind Cape Town, King Shaka bei Durban und O. R. Tambo in Johannesburg. Die Lufthansa fliegt täglich nonstop von Frankfurt am Main nach Johannesburg und fünfmal die Woche nonstop von München nach Kapstadt, aber nur im Winter (ab Okt.). Der Flug dauert 11 Stunden. Air Berlin fliegt Düsseldorf – Abu Dhabi – Johannesburg. Mit South African Airways fliegt man ebenfalls täglich nonstop ab Frankfurt/Main. Mit British Airways kann man ab London siebenmal pro Woche nonstop nach Kapstadt fliegen; mit Virgin Airlines sechsmal pro Woche. Lufthansa und British Airways starten spätabends in Frankfurt am Main und London und treffen vormittags in Kapstadt ein. Großveranstalter bieten Sondertarife an. Air Namibia fliegt aus Frankfurt am Main via Windhuk nach Johannesburg. Weitere europäische Airlines, die Südafrika anfliegen: Swiss (tgl. aus Zürich), KLM (tgl. aus Amsterdam), Air France (tgl. aus Paris). Sehr populär geworden sind die preiswerten Umsteigeflüge mit Emirates, Quatar, Etihad und Turkish Airlines, die von verschiedenen deutschen Städten sehr gute Verbindungen mit Zwischenstopp in Istanbul anbieten.

Auf www.atmosfair.de und www.myclimate.org kann jeder Reisende durch eine Spende für Klimaschutzprojekte für die CO_2-Emission seines Fluges aufkommen.

Vom Flughafen zum Urlaubsort oder zum Hotel

Viele Hotels und Privathäuser holen ihre Gäste vom Flughafen ab. Sonst nimmt man entweder ein Taxi oder einen Bus zum Hauptbahnhof in der Innenstadt. Für viele Touristen steht gleich am Flughafen ein bereits in der Heimat vorbestellter Mietwagen bereit. Zwischen den Großstädten verkehren Buslinien. Busse am Flughafen in Kapstadt (www.capetown shuttles.co.za) kosten etwa 11 € pro Person zum Hauptbahnhof, oder man lässt sich direkt zum Hotel in der City bringen, was mit ca. 15 € zu Buche schlägt.

MIT DEM ZUG

Wer in Johannesburg ankommt, kann mit dem Blue Train (www.bluetrain.co.za) oder mit Rovos Rail (www.rovos.com) einmal pro Woche von Pretoria/Johannesburg nach Kapstadt fahren. Beide Zugfahrten sind ein luxuriöses Erlebnis – und entsprechend teuer. Billiger und ungemütlicher wird es mit Transnet, der staatlichen Eisenbahn: Die Fahrzeit beträgt 25 Stunden für die 1500 km lange Strecke ans Kap, man zahlt etwa 30 € (1. Klasse).

AUSKUNFT

IN DEUTSCHLAND, ÖSTERREICH UND DER SCHWEIZ

South African Tourism
Friedensstr. 6–10, 60311 Frankfurt am Main • Tel. 08 00/1 18 91 18 • www.southafricantourism.de

Die Adressen der Fremdenverkehrsämter finden Sie bei den Orten im Kapitel »Unterwegs in Südafrika«.

BUCHTIPPS

John Maxwell Coetzee: Schande (Fischer, 2002) Der Literaturnobelpreisträger Coetzee erzählt die Geschichte eines weißen Literaturprofessors, der sich angesichts von Gewalt und Rassenhass Gedanken über Vergangenheit, kollektive Schuld und die Zukunft Südafrikas macht.

Nelson Mandela: Der lange Weg zur Freiheit (Fischer, 1997) Nelson Mandelas Autobiografie ist wohl die am meisten gelesene Landesgeschichte des neuen Südafrika. Deutlich besser als die deutsche Übersetzung ist das englische Original.

Deon Meyer: Herz des Jägers (Aufbau, 2007) Das Buch ist nicht nur ein packender Spionagethriller, sondern auch eine subtile Gesellschaftsanalyse, ausgezeichnet mit dem deutschen Krimipreis 2006.

Nadine Gordimer: Die Hauswaffe (btb, 2000) Die Literaturnobelpreisträgerin schuf ein eindrucksvolles Buch über die Nachwirkungen der Apartheid.

CAMPING

Das Campen ist in Südafrika sehr beliebt. Selbst in kleinen Orten wird man einen Campingplatz für seinen Wohnwagen oder sein Zelt finden. Die braunen Hinweisschilder zeigen einen Wohnwagen. Man kann auch die Stadtverwaltung »Municipality« ansteuern und dort nach der Nummer des örtlichen Campingplatzes fragen. Dort frönen die Einheimischen abends ihrem Volkssport, dem »braai« (Grillfeuer), und man lernt sich dabei leicht kennen.

In entlegenen Gegenden kann man jederzeit einen Hof ansteuern und um einen Platz für die Nacht bitten. Südafrikaner sind gastfreundlich, besonders auf dem Land. Auskunft gibt der SA Camping Club; Tel. 0 11/ 8 37 11 42, www.sacampingclub.co.za.

DIPLOMATISCHE VERTRETUNGEN

Botschaft der Bundesrepublik Deutschland
180 Blackwood St., Pretoria • Tel. 0 12/4 27 89 00 • www. auswaertiges-amt.de

Botschaft der Republik Österreich
454 A Fehrsen St., Pretoria • Tel. 0 12/ 4 52 91 55 • www.bmeia.gv.at

Botschaft der Schweiz
225 Veale St., New Muckleneuk • Tel. 0 12/4 52 06 60 • www.eda.admin.ch

FEIERTAGE

1. Jan. New Year's Day (Neujahr)
Good Friday (Karfreitag)
Family Day (Tag der Familie/Ostermontag)
21. März Human Rights Day (Tag der Menschenrechte)
27. April Freedom Day (Freiheitstag)
1. Mai Workers' Day (Tag der Arbeit)
16. Juni Youth Day (Tag der Jugend)
9. Aug. National Women's Day (Tag der Frauen)
24. Sept. Heritage Day (Tag des Kulturerbes)
16. Dez. Day of Reconciliation (Tag der Versöhnung)
25./26. Dez. Christmas Day/Day of Goodwill (Weihnachten)
Fällt ein Feiertag auf einen Sonntag, ist der darauffolgende Montag ein Feiertag.

FESTE UND EVENTS

JANUAR

Cape Coon Carnival, Kapstadt
Bunter Straßenkarneval am Tag nach Neujahr, auch Cape Minstrel

Carnival genannt. Singend und tanzend ziehen die Coons zum Green Point Stadium.
2. Januar

The Met, Kenilworth

Auf der Galopprennbahn von Kenilworth (Kapstadt) findet ein Steherrennen statt – ein wichtiges gesellschaftliches Ereignis.
Ende Januar

MÄRZ

Argus-Radrennen, Kaphalbinsel

Mehr als 30 000 Menschen setzen sich alljährlich in Bewegung, um 108 km weit rund um die Kaphalbinsel zu fahren. Das größte Straßenrennen der Welt beginnt in aller Frühe in Kapstadt und führt entlang dem malerischen Chapman's Peak hinüber zum Atlantik.
2. So im März • www.cycletour.co.za

Klein Karoo National Arts Festival, Oudtshoorn

In der Straußenstadt trifft sich alles, was in der afrikaansen Kunst- und Musikszene Rang und Namen hat.
Ende März • www.kknk.co.za

APRIL/MAI

Two Oceans Marathon, Kapstadt

18 000 Läufer treffen sich am Ostersamstag in Kapstadt, um an diesem Volksmarathon teilzunehmen. Die Strecke – wahlweise 56 km oder »nur« 21 km – gehört sicher zu den spektakulärsten weltweit.
Ostersamstag • www.twooceans marathon.org.za

Afrikaburn, Tankwa

Basteln. Bauen. Konstruieren. Einfach gemeinsam Zeit verbringen. Wer es ausgefallen, aber radikal und pur mag, der pilgert im Spätsommer nach Tankwa (4 Autostunden nördlich von Kapstadt). Tausende kommen, konstruieren etwas, tanzen drumherum – und brennen es am Ende wieder ab. Einfach so.
Ende April, Anfang Mai • www. afrikaburn.com

Comrades Marathon, Durban

Das härteste Straßenrennen über 86 km von Durban nach Pietermaritzburg; mehr als 20 000 Läufer.
31. Mai 2015 • www.comrades.com

JULI

The July, Greyville

Das größte Pferderennen der Saison, auf der Galopprennbahn Greyville bei Durban.
1. Sa im Juli

National Arts Festival, Grahamstown

In Grahamstown (Ost-Kap) geben sich die Top-Künstler des Landes Anfang Juli zehn Tage lang die Ehre.
Anfang Juli

AUGUST/SEPTEMBER

Oppikoppi Music Festival, Northam

Auf einer Farm bei Pretoria wird tagelang gerockt, was das Gras aushält. Ein Peace and Love Happening im afrikanischen Busch, meistens in der ersten Augustwoche.
Anfang August • www.oppikoppi. co.za

Williston Winter Festival

Noch ist es ein Insider-Tipp: Fünf Autostunden nördlich von Kapstadt wird in Williston (R63) während der Wildblumensaison ein authentisches Karoo-Musikfestival gefeiert.

Letztes Augustwochenende • Buchen unter willistonwinterfees@gmail.com

Kunstfestival Evita Se Perron, Darling

Evita Bezuidenhout lädt zu einem Kunstfestival ein. Hinter der bekanntesten »Frau« Südafrikas verbirgt sich der Kabarettist Pieter-Dirk Uys, der seit 25 Jahren der Gesellschaft den Spiegel vorhält: früher der weißen Apartheid-Regierung, heute der schwarzen Regierung.
August/September • www.evita. co.za

Zulu Reed Festival und Shaka Day, Nongoma

Mitte September werden Tausende junger Mädchen dem Zulu-König Zwelethini in Nongoma vorgeführt. Eine prächtige Tradition, zu der auch moderne Zulus in Tracht erscheinen. Am Wochenende nach dem 24. September feiern die Zulus ihren Kriegerhäuptling Shaka – ebenfalls ein Fest, das man miterlebt haben sollte.
Mitte bis Ende September

OKTOBER
Whale of a Festival, Hermanus

Bei Hermanus (110 km östlich von Kapstadt) tauchen Wale auf, was eine Woche lang mit Märkten und Theatervorführungen gefeiert wird.
Anfang Oktober • www.whale hermanus.com

Rocking the Daisies

Ein Musikfestival, das von vielen als Woodstock am Kap bezeichnet wird: »peace« and »love« auf einem Weingut. Alle möglichen Musikgenres kommen auf die Bühne, dazu Kunst, Wein, Kino. Einen See zum Baden gibt's auch noch.

Erstes Oktoberwochenende • www. rockingthedaisies.com

Jacaranda Festival, Pretoria

In Pretoria erblühen ganze Straßenzüge im blasslila Licht der Jacaranda-Bäume – das feiern die Hauptstädter mit einem Straßenkarneval.
3. Woche im Oktober

NOVEMBER
Kirstenbosch Sommerkonzerte, Kapstadt

Diese sonntägliche Konzertserie ist eine Institution geworden. Ab Mitte Dezember singen Tausende gemeinsam Weihnachtslieder bei Kerzenbeleuchtung, an Silvester gibt es ein Sonderkonzert mit einer Riesenfete. Man bringt Decke und Picknickkorb und erfreut sich an der Musik – und das Ganze in einem der schönsten botanischen Gärten der Welt.
November bis April • Tel. 0 21/7 99 87 82 • www.sanbi.org/gardens/ kirstenbosch • Eintritt ab 100 Rand, Kinder ab 75 Rand

DEZEMBER
Nedbank Golf Challenge, Sun City

Den besten Golfern der Welt winkt die höchste Siegesprämie der ganzen Welt: über eine Million Dollar!
Anfang Dezember • www.nedbank golfchallenge.com

Rothmans Week

Eine Segelregatta von Kapstadt nach Saldanha, kurz vor Weihnachten.
Mitte Dezember

FOTOGRAFIEREN

Fotografieren darf man alles außer: Polizeistationen, Gefängnissen und Militäranlagen. Einheimische vor allem auf dem Land erst fragen!

GELD

```
10 ZAR. . . . . . . . . . . 0,76 €/0,80 SFr
1 € . . . . . . . . . . . . . . . . . 13,10 ZAR
1 SFr . . . . . . . . . . . . . . . .12,50 ZAR
```

Die Landeswährung Rand (ZAR) gibt es in Noten zu 10, 20, 50, 100 und 200, in Münzen zu 1, 2, 5, 10, 20, 50 Cents sowie 1, 2 und 5 Randstücken. **Devisen** dürfen von Ausländern in unbegrenzter Höhe ein- bzw. ausgeführt werden; die Landeswährung nur bis zu 5000 Rand. Am besten tauscht man in Banken (Mo–Fr 9–15.30, Sa 8.30–11 Uhr), weniger gut ist der **Wechselkurs** in Reisebüros, noch schlechter in Hotels. Alle international anerkannten **Kreditkarten** werden allgemein akzeptiert.

Mit den meisten EC-Karten kann Geld an den Geldautomaten (ATMs) gezogen werden.

IMPFUNGEN

Für Reisende aus Deutschland, Österreich und der Schweiz gibt es keine Impfvorschriften. Wer zur Regenzeit (zwischen November und April) in den Greater Limpopo Transfrontier Park (Kruger Park) oder in Wildparks in KwaZulu-Natal fährt, sollte eine Malariaprophylaxe einnehmen, körperbedeckende Kleidung tragen und regelmäßig Anti-Moskito-Spray benutzen.

KLEIDUNG

Trotz des sonnigen Klimas sollte man auch im Hochsommer warme Sachen dabeihaben. Auch ein Regenschirm kann nützlich sein, überwiegend aber liegt man mit Sommerkleidung richtig. Wer abends ausgehen will, sollte mindestens ein Jackett mitnehmen; man nennt das »smart casual«.

LINKS

www.dein-suedafrika.de
Deutsche Online-Community für Südafrika-Fans.
www.kznwildlife.com
Website der staatlichen Wildtierreservate in KwaZulu-Natal (KZN).
www.sanparks.org
Website der South African National Parks (SANP).
www.suedafrika-reise.net
Umfangreiches und ständig aktualisiertes Portal, das die Reiseplanung erleichtert.

MEDIZINISCHE VERSORGUNG

KRANKENVERSICHERUNG

Der Abschluss einer Auslandsreisekrankenversicherung ist ratsam.

Klima (Mittelwerte)	JAN	FEB	MÄR	APR	MAI	JUN	JUL	AUG	SEP	OKT	NOV	DEZ
Tages-temperatur	26	26	25	23	20	19	17	18	19	21	23	25
Nacht-temperatur	16	16	14	12	10	7	7	8	9	11	13	15
Sonnen-stunden	12	11	9	8	6	6	6	7	8	9	10	11
Regentage pro Monat	4	3	5	8	11	12	13	13	9	7	5	5
Wasser-temperatur	18	19	19	18	17	16	15	14	15	16	17	18

KRANKENHAUS

Nur die privaten Krankenhäuser (»Medi-Clinics«) sind erstklassig. Staatliche Krankenhäuser sollte man nur im Notfall aufsuchen! Private Krankenhäuser der Medi-Clinic Private Hospital Group (www.mediclinic.co.za) befinden sich in allen größeren Städten. Grundsätzlich ist bei jeder ärztlichen Behandlung Vorkasse zu leisten.

APOTHEKEN

Apotheken (»Chemists« oder »Apteek«) sind in aller Regel tgl. von 9–21 Uhr geöffnet.

NEBENKOSTEN

1 Tasse Kaffee . . . . ab 0,85 €
1 Bier . . . . ab 1,50 €
1 Cola . . . . ab 1,50 €
1 Brot (ca. 1 kg) . . . . ab 0,60 €
1 Schachtel Zigaretten . . . . ab 1,75 €
1 Liter Benzin . . . . ab 1,00 €
Fahrt mit öffentl. Verkehrs-
   mitteln (Einzelfahrt) . . . . . ab 0,60 €
Mietwagen/Tag . . . . ab 25,00 €

NOTRUF

Notruf vom Mobiltelefon Tel. 112
Polizei Tel. 1 01 11
Rettungsdienst Tel. 1 01 77

POST

Die Briefkästen in Südafrika sind rot. Briefmarken erhält man in allen Postfilialen oder direkt beim Postkartenverkäufer. Eine Postkarte nach Deutschland, Österreich und in die Schweiz kostet 6,65 Rand.

REISEDOKUMENTE

Deutsche, Österreicher und Schweizer können mit einem mindestens 30 Tage über die Reise hinaus gültigen Reisepass einreisen. Der Reisepass muss vor Einreise noch über mindestens zwei freie Seiten verfügen. Kinder benötigen ein eigenes Reisedokument.

REISEWETTER

Südafrika liegt zwischen 22° und 35° südlicher Breite, vergleichbar mit dem Gebiet vom Mittelmeerraum bis Nordafrika auf der nördlichen Halbkugel. Es hat wegen seiner Hochebenen und des breiten Küstenstreifens ein generell gemäßigtes Klima. Auch im südlichen Winter (Juni–Aug.), wenn die Temperaturen nachts unter den Gefrierpunkt sinken können, ist es tagsüber meist heiter und warm. Nur an der Kapküste im Südwesten regnet es dann häufig.
Im Sommer (Dez.–März) schwanken die durchschnittlichen Höchsttemperaturen zwischen 25 °C (Kapstadt) und 35 °C (Inland).
Wer viel im Meer baden will, sollte die Orte entlang der Küste am Indischen Ozean aufsuchen; erst östlich von Hermanus wird das Wasser warm genug, um auch einmal längere Zeit schwimmen zu können. An der Westküste wird der Atlantische Ozean dagegen auch im Hochsommer fast nie wärmer als 15 °C.

SICHERHEIT

Die Kriminalität in Südafrika ist deutlich höher als in Deutschland. Besonders Großstädte und ihre Randgebiete verzeichnen hohe Kriminalitätsraten. In aller Regel finden Gewaltdelikte in Gegenden statt, in denen Urlauber sich nicht aufhalten. Genießen Sie Ihren Aufenthalt im Land, und denken Sie daran, dass die wenigsten Urlauber einen Zwischenfall erleben. Dennoch sollten einige Vorsichtsmaßnahmen beachtet werden: Meiden Sie die Innenstädte der Metropolen nach Einbruch der Dunkelheit. Unternehmen Sie Township-Besuche nur mit ortskundiger Führung. Halten Sie in Großstädten die Autofenster immer geschlossen, verriegeln Sie die Autotüren von innen, und lassen Sie keine Wertgegenstände sichtbar im Auto liegen. Vermeiden Sie Überlandfahrten auf Nebenstraßen bei Dunkelheit, da die Straßen oft in schlechtem Zustand sind und sich häufig Tiere auf der Fahrbahn befinden.

STROM
Die elektrische Spannung beträgt 220 Volt. Für elektrische Geräte wird ein Steckeradapter benötigt.

TELEFON
VORWAHLEN
D, A, CH ▸ Südafrika 0 27
Südafrika ▸ D 00 49
Südafrika ▸ A 00 43
Südafrika ▸ CH 00 41

Völlig problemlos: Man kann über 100 Länder direkt anwählen, bei bester Qualität. Die 0 bei der Vorwahl der jeweiligen Stadt daheim entfällt. Es gibt mehrere **Mobilfunknetze**, die nahezu das ganze Land abdecken: unter anderem Vodacom, MTN und CellC. Deutsche Handys sind kompatibel, wenn man eine Roaming Facility hat.

TICKETS
Ein nützliches zentrales Reservierungssystem für Kino, Theater, Konzerte und andere Veranstaltungen ist Computicket. Kassen findet man meist in Einkaufszentren.
Tel. 0 83/9 15 80 00 • www.computicket.com

TRINKGELD
Üblich sind 10 % der Rechnung, es darf aber auch weniger sein.

TRINKWASSER
Leitungswasser ist offiziell überall in Südafrika trinkbar, allerdings variiert die Qualität zwischen ländlichen und städtischen Gebieten. Vorsichtig sollte man vor allem in besiedelten ländlichen Regionen sein.

VERKEHR
In diesem riesigen Land gilt generell: Entweder man fliegt zum nächsten Urlaubsort oder man mietet sich einen Wagen, um auf diese Weise Land und Leute näher zu erleben.

AUTO
In Südafrika herrscht Linksverkehr. Als Legitimation benötigen Sie Ihren nationalen sowie einen internationalen Führerschein.

Das Straßennetz ist exzellent ausgebaut und gut ausgeschildert, Tankstellen finden Sie reichlich. Die Nationalstraßen (N) sind nur in der Nähe der Städte als mehrspurige Autobahnen erkennbar und entsprechen ansonsten dem Standard gut ausgebauter Bundesstraßen. Ebenfalls in gutem Zustand sind die Regionalstraßen (R).

Das Tempolimit in Ortschaften beträgt 60 km/h, auf Landstraßen 100 km/h und auf Autobahnen 120 km/h. Die Promillegrenze liegt bei 0,5 Promille. Wer zu schnell oder angetrunken fährt, muss mit saftigen Strafen rechnen.

BAHN
Abgesehen von einigen Luxuszügen, ist Zugfahren keine populäre Form der Fortbewegung. Die Ablehnung

gegen dieses Verkehrsmittel geht auch auf die früher praktizierte Apartheidregelung zurück: Bis Mitte der 1980er-Jahre waren die Abteile und sogar Bahnhöfe streng nach Hautfarbe getrennt. Touristen findet man also seltener als in Reisebussen. Passagierzüge verkehren dennoch pünktlich und sind in der Ersten Klasse auch sehr bequem.

BUS
Die Busslinie Greyhound verkehrt zwischen Johannesburg, Durban, Port Elizabeth, Kapstadt, Kimberley und Nelspruit. Die privaten Greyhoundbusse sind teurer als die halbstaatlichen Translux und Transcity Busse, die aber ebenfalls als Luxusbusse gelten dürfen (klimatisiert, WC, Schlafsessel, Erfrischungen). Bei Cape Town Coach Hire (Tel. 0 82/9 22 33 22, www.capetown-coach-hire.com) kann man einen Kleinbus mit Fahrer-Guide anmieten; bis zu sieben Personen bezahlen für einen vollen Tag etwa 190 € – ideal für kleine Gruppen.

FLUGZEUG
Es gibt preiswerte SAA-Flüge, die man aber mindestens 14 Tage oder einen Monat im Voraus buchen muss. SAA und Comair fliegen mehrmals täglich in praktisch alle Großstädte. Star Alliance bietet ferner günstige Afrika Airpasses mit drei bis zehn Coupons für das gesamte südliche Afrika, die nur im Ausland gebucht werden können (www.staralliance.com).

MIETWAGEN
In allen größeren Städten findet man mehrere Anbieter wie beispielsweise Avis, Budget, Imperial und Economy Car Hire. Die Preise sind bei den meisten weitgehend gleich – beispielsweise 30 € pro Tag für einen viertürigen Toyota mit Klimaanlage plus 20 Cent pro Kilometer. Economy Car Hire allerdings ist deutlich billiger. Man stellt sich besser, wenn man einen Wagen für eine Woche mietet: Dann kostet ein Tag etwa 35 € mit 250 Freikilometern. Dazu kommen dann noch unterschiedlich hohe Versicherungsgebühren für Unfälle, Diebstahl und Personenhaftung. Achtung: Bei einem Unfall kommt auf den Mieter trotz Versicherung ein Eigenanteil von mindestens 300 € zu! Im Allgemeinen ist es günstiger, bereits zu Hause online einen Wagen vorzubuchen und einen Vertrag ohne Selbstbeteiligung abzuschließen (www.billiger-mietwagen.de). Von kleineren Spezialvermietern sind auch Allradwagen zu haben, die allerdings um einiges teurer sind. Allgemein sind die Autos nur ein oder zwei Jahre alt und in gutem Zustand. Eine Kontrolle ist dennoch immer empfehlenswert.

ÖFFENTLICHE VERKEHRSMITTEL
In den Innenstädten kann man die Nahverkehrsmittel nehmen, allerdings sollte man nachts sehr vorsichtig sein. Hinzu kommt, dass das Nahverkehrsnetz in die Vororte nicht annähernd europäischen Standards entspricht, obwohl viele Städte weit auseinandergezogen sind.

TAXI
Taxis können entweder über die Hotelrezeption oder telefonisch bestellt werden. Wagemutige können auch ein schwarzes **Sammeltaxi** anhalten und mit bis zu 18 Personen in einem rasenden Mini-Bus sitzen. Auf ei-

gene Gefahr! Die Fahrt im Sammel-taxi ist allerdings sehr preisgünstig.

WILD CARD

Die Wild Card der South African National Parks (SANP) erlaubt es Südafrika-Besuchern gegen eine einmalige Gebühr, beliebig viele Nationalparks und Naturschutzgebiete zu besuchen. Sie ist für Singles, Paare und Familien mit bis zu fünf Kindern erhältlich und kann direkt in den Nationalparks erworben oder online bestellt werden. www.wildcard.co.za, www.sanparks.org/tourism/wild • Single 1770 Rand, Paar 2770 Rand, Familie 3310 Rand

ZEITUNGEN

In jeder Großstadt können Sie zwei bis vier Tageszeitungen und mehrere Wochenzeitungen und Magazine kaufen. Den besten und seriösesten Überblick bietet jeden Freitag die »Mail & Guardian«. Das auflagenstärkste Blatt ist die »Sunday Times«.

Internationale Zeitungen und Magazine erhalten Sie im Zeitschriftenhandel, z. B. bei CNA.

ZEITVERSCHIEBUNG

In Südafrika gilt die South Africa Standard Time (keine Zeitverschiebung zur MEZ im Sommer, MEZ + 1 Std. im Winter).

ZOLL

Reisende aus Deutschland und Österreich dürfen Waren im Wert von 300 €, bei Flug- bzw. Seereisen von 430 € (Jugendliche: 175 €) abgabenfrei mit nach Hause nehmen, Reisende aus der Schweiz im Wert von 300 SFr. Die Waren müssen für den privaten Gebrauch vorgesehen sein. Tabakwaren und Alkohol fallen nicht unter diese Wertgrenze und bleiben in bestimmten Mengen abgabenfrei (z. B. 200 Zigaretten, 4 l Wein). Weitere Auskünfte unter www.zoll.de, www.bmf.gv.at/zoll und www.zoll.ch.

ENTFERNUNGEN (IN KM) ZWISCHEN WICHTIGEN ORTEN

	Bloemfontein	Durban	Johannesburg	Kapstadt	Kimberley	Knysna	Nelspruit	Port Elizabeth	Pretoria	Upington
Bloemfontein	–	634	398	1004	177	834	757	677	456	588
Durban	634	–	578	1753	811	1231	707	984	636	1222
Johannesburg	398	578	–	1402	472	1232	355	1075	58	796
Kapstadt	1004	1753	1402	–	962	459	1762	769	1460	894
Kimberley	177	811	472	962	–	823	827	743	530	411
Knysna	834	1231	1232	459	823	–	1587	247	1290	855
Nelspruit	757	707	355	1762	827	1587	–	1434	322	1176
Port Elizabeth	677	984	1075	769	743	247	1434	–	1133	945
Pretoria	456	636	58	1460	530	1290	322	1133	–	854
Upington	588	1222	796	894	411	855	1176	945	854	–

Erlesene
Auf den Spuren berühmter
Persönlichkeiten
Ziele

MERIAN
Die Lust am Reisen

Orts- und Sachregister

Wird ein Begriff mehrfach aufgeführt, verweist die **halbfett** gedruckte Zahl auf die Hauptnennung. Abkürzungen: Hotel [H], Restaurant [R]